Remuneraciones inteligentes

Diseño de tapa:
DCM DESIGN

BERNARDO HIDALGO
AGUSTÍN HIDALGO (colaborador)

Remuneraciones inteligentes

Una mirada sencilla para atraer,
retener y motivar al talento

GRANICA

ARGENTINA - ESPAÑA - MÉXICO - CHILE - URUGUAY

ARGENTINA
Ediciones Granica S.A.
Lavalle 1634 3° G / C1048AAN Buenos Aires, Argentina
Tel.: +54 (11) 4374-1456 Fax: +54 (11) 4373-0669
granica.ar@granicaeditor.com
atencionaempresas@granicaeditor.com

MÉXICO
Ediciones Granica México S.A. de C.V.
Valle de Bravo N° 21 El Mirador Naucalpan - Edo. de Méx.
53050 Estado de México - México
Tel.: +52 (55) 5360-1010 Fax: +52 (55) 5360-1100
granica.mx@granicaeditor.com

URUGUAY
Ediciones Granica S.A.
Scoseria 2639 Bis
11300 Montevideo, Uruguay
Tel.: +59 (82) 712 4857 / +59 (82) 712 4858
granica.uy@granicaeditor.com

CHILE
granica.cl@granicaeditor.com
Tel.: +56 2 8107455

ESPAÑA
granica.es@granicaeditor.com
Tel.: +34 (93) 635 4120

www.granicaeditor.com

Hidalgo, Bernardo
    Remuneraciones inteligentes : una mirada sencilla
para atraer, retener y motivar al talento . - 1a ed. -
Buenos Aires : Granica, 2011.
    256 p. ; 22x15 cm.

    ISBN 978-950-641-602-7

    1. Remuneración. I. Título.
    CDD 331.21

Este libro está dedicado a todos los alumnos y clientes con los cuales me he encontrado en los últimos 30 años. Aunque parezca paradójico, ellos han sido algunos de mis mejores maestros, ya que sus opiniones y comentarios han representado siempre una parte importante de la experiencia capitalizada en las organizaciones y los ámbitos educativos.

A *Raúl Lacaze*, director de Capital Humano de Grupo Telefónica Argentina y actual presidente de ADRHA, Asociación de Dirigentes de Recursos Humanos de Argentina, por su confianza en mis primeros momentos como consultor. Gracias a él tuve la oportunidad de desarrollarme profesionalmente por primera vez fuera de ambientes de relación de dependencia. Esto fue a fines de la década de 1980.

A *Susana Olleta*, analista senior de Compensaciones y Beneficios de la Región Sur Latinoamérica y Canadá de Philip Morris, quien me ayudó a ingresar en el mundo de la Educación a través de su propuesta de capacitación en IDEA, allá por el año 1990.

A *Verónica Piasco*, profesional con larga trayectoria en el área de Recursos Humanos. Ella tuvo el interés y el conocimiento técnico para revisar los manuscritos, proponiendo nuevas visiones y enfoques creativos. Y porque es mi mujer, y su paciencia es invalorable en estos casos.

A *Agustín Hidalgo*, simplemente por haber aceptado participar en la elaboración de un capítulo. Simplemente por eso y porque es mi hijo. Siento mucho placer como padre al compartir este desafío con él.

ÍNDICE

PALABRAS PRELIMINARES

Las próximas páginas se nutren de tres fuentes principales: el estudio, el ejercicio profesional y la docencia. La obra es deudora de los aportes de la academia y del análisis de casos porque, sin un marco teórico científico, el aprovechamiento de la práctica –por más extraordinaria que fuere– solo puede ser parcial. Estas líneas se alimentan además de 30 años de incontables y muy diversas experiencias de desarrollo e instalación de soluciones, en la Argentina y en otros países de América Latina, para el área de Recursos Humanos en general, y referidas al problema de las compensaciones en particular, ya que la variedad de culturas organizacionales y de contextos constituyen siempre, para el profesional atento, un potenciador del aprendizaje. Por último, nacen de las observaciones agudas, las miradas innovadoras y el diálogo desafiante, constructivo y estimulante con alumnos y colegas, tanto en el marco de la formación universitaria de grado y posgrado como en el ámbito de seminarios y eventos relacionados con la temática del talento.

El material presentado en este libro sistematiza una parte sustancial de ese recorrido de teoría, práctica y reflexión.

Confío en que contribuirá a la formación de los profesionales en Recursos Humanos y de los especialistas en remuneraciones, al tiempo que proveerá una visión integral y estrategias concretas a todos los líderes preocupados por ser cada día mejores en atraer, retener y motivar al talento.

Bernardo Hidalgo
Abril de 2011

INTRODUCCIÓN

Todas las personas guardan expectativas de recompensa por lo que hacen, en todos los órdenes de la vida. Así se comportan nuestros hijos después de haber cumplido con sus deberes y también el jardinero que contratamos y el técnico que nos reparó la *notebook*. Todos, sin excepción, esperan ser retribuidos por lo que hicieron o por el resultado logrado. Se trata de un fenómeno bastante característico de las relaciones humanas, incluso de aquellas en las que la recompensa esperada, o que se entrega, nada tiene que ver con el dinero.

Las reglas que rigen la relación entre esfuerzo o resultado, por una parte, y la recompensa, por otra, suelen ser muy dinámicas y, con frecuencia, informales. Incluso, a veces cambian de manera unilateral, sin aviso, con las consecuencias de fricción y desgaste en las relaciones interpersonales que esto implica. En el mundo corporativo, esas reglas se encuentran formalizadas –o al menos eso se intenta– ya que las expectativas de recompensa revisten mayor complejidad y diversidad según los participantes. Por eso, a fin de ofrecer previsibilidad y permitir conocer el alcance de los resultados y las retribuciones que se intercambiarán en el futuro, es necesario que las prácticas empresarias sean claras y conocidas por las partes. Para alcanzar esa claridad, necesitamos administrar los salarios mediante herramientas alineadas y consistentes con la estrategia de pago de la compañía y su negocio.

Este libro brinda instrumentos que contribuyen a dar previsibilidad en las relaciones de dar y recibir a fin de atraer, retener y motivar al talento. Con este objetivo, ofrecemos al lector un conjunto de prácticas de compensaciones implementadas y probadas en diferentes sectores de la actividad económica, en diversos mercados (nacionales, regionales e internacionales) y en contextos culturales diferentes.

Los contenidos están organizados en tres partes. La primera trata sobre las coordenadas actuales en que el tema de las compensaciones se inscribe: el contexto global y la estrategia empresarial. Aquí, nos enfocamos en los procesos adaptativos de cambio, tales como la identificación de los talentos y la manera de atraerlos, retenerlos y motivarlos. Para esto, intentamos despertar la reflexión de quienes tienen responsabilidad en las decisiones estratégicas y el trazado de políticas respecto de los recursos humanos y el talento.

La segunda parte presenta las herramientas propiamente dichas, es decir, las vías a través de las cuales las decisiones de orden estratégico logran hacerse operativas salvando la brecha entre intención y realización. Su objetivo principal es presentar instrumentos que, proporcionando objetividad y consistencia, permitan legitimar las diferencias salariales. Para ello, se explican las técnicas aplicadas a la descripción y la evaluación de puestos, la investigación de mercado, la elaboración de escalas de compensaciones y el diseño de programas de administración por objetivos y pagos variables. Estas herramientas se completan con algunas notas referidas a nuevas prácticas laborales que ya están desafiando a los especialistas en remuneraciones.

En la tercera y última parte, la obra se cierra con un anexo que ofrece nociones de estadística útiles para la gestión de las compensaciones. Aunque –como todo libro técnico– admite una lectura que altere el orden previsto en la edición, creemos recomendable seguirlo para un mejor aprovechamiento del contenido.

Un libro de remuneraciones tiene el privilegio de dialogar con toda la organización. Cualquiera que desee liderar a otros, sea en el nivel de un supervisor, de una jefatura, desde la gerencia intermedia o la gerencia general, sabe que las compensaciones constituyen un aspecto excluyente, con capacidad de facilitar o dificultar de manera crítica el día a día de la tarea, la instalación de hábitos, la adhesión a la cultura y la ejecución de la estrategia. Por eso, las compensaciones interesan y deben interesar a todos.

Nada que tenga que ver con pensar en la gestión de nuestra gente puede considerarse aparte o al margen de la remuneración, y nada que hable de la competitividad de la organización puede obviar el impacto de los salarios en la estructura de costos. Atraer, retener y motivar al talento no depende exclusivamente de cuánto se pague pero tampoco es una variable independiente. Los salarios son parte del corazón del negocio, pueden ayudarlo a latir o a colapsar. Nadie puede abstraerse de este tema. Nadie debe desaprovechar el extraordinario potencial que encierra.

PRIMERA PARTE

LAS COORDENADAS

Nos hallamos instalados de manera irreversible en un mundo de fronteras borrosas donde la información circula a una velocidad solo comparable con la de su obsolescencia. Para muchos, la dinámica que este escenario nos impone resulta amenazante, entre muchas otras razones porque la percibimos como un caos, como una sucesión y simultaneidad de hechos cuyas relaciones y correlaciones se nos vuelven progresivamente más opacas.

Por supuesto, este entorno impacta también en las formas de diseñar los negocios y organizar el trabajo, de gestionar los recursos humanos, de atraer, retener y motivar al talento. En esta primera parte del libro, ofrecemos al lector lo que consideramos, según nuestra experiencia, los aspectos más sobresalientes de las coordenadas actuales de nuestro trabajo:

- el contexto actual y su particular configuración, vinculada con los cambios políticos, jurídicos, culturales y sociológicos, y
- la empresa en los albores del siglo XXI, con su búsqueda constante de formas novedosas y eficaces de

relación con el entorno que le permitan alcanzar posiciones siempre competitivas y rentables.

Desde luego, no intentamos llevar al lector una visión definitiva sino, más bien, sugerir la necesidad de asumir que lo único que en la actualidad parece ser para siempre es, ni más ni menos que la transformación sostenida, raramente previsible, siempre desafiante. En suma, el cambio como oportunidad y amenaza.

CAPÍTULO I

EL CONTEXTO

Para competir en el actual escenario global, las organizaciones deben aplicar sus mejores prácticas de *management*. Esto no hace referencia solamente al gerenciamiento de los recursos sino, en particular, al liderazgo del talento.

¿Qué entendemos por talento? Existen muchas definiciones. La nuestra, construida sobre la base de muchos años de aplicación de la teoría, sostiene que el talento es un recurso humano capaz de logros –aptitudes– y que aplica conocimientos –actitudes– que la organización necesita en un momento oportuno y en un lugar determinado. Esta forma de conceptualizar el talento no es caprichosa ya que hemos visto un sinnúmero de casos en que no se han tenido en cuenta el espacio y el tiempo para determinar si los conocimientos, las experiencias, las habilidades y demás de un individuo constituyen efectivamente un talento que la compañía deba atraer, retener y motivar. Para nosotros el talento es, definitivamente, algo dinámico: es talento en acción. A esto se suma otra característica esencial: esta aptitud se presenta, casi siempre (si no siempre), como un bien escaso. Por eso, prestamos especial atención en este libro a las estrategias y las acciones que permiten atraerlo, retenerlo y motivarlo.

En un mundo donde las fronteras de la competitividad cada vez coinciden menos con las que existen entre países, resulta claro que el escenario en que se mueven las organizaciones se amplía de modo constante. El fenómeno incrementa las oportunidades, pero también las amenazas para la producción, la oferta y el tráfico de mercancías, servicios y capital humano.[1] A continuación, trataremos de identificar y describir los principales factores de impacto implicados en la globalización prestando especial atención a sus efectos sobre el mercado de los talentos.

De dónde venimos

En décadas pasadas, la "competencia internacional" (tal el nombre que le dábamos entonces) se encontraba acotada a los bienes. Los autos de las fábricas de Detroit (Estados Unidos), por ejemplo, competían con los que se producían en las plantas de montaje de Osaka (Japón). Algo análogo ocurría con mercancías menos o nada elaboradas, como las *commodities*, y si bien el flete de un país a otro representaba un problema no menor por sus costos, se fue resolviendo paulatinamente con las mejoras tecnológicas introducidas en los transportes.

En el transcurso de los años siguientes, los avances en las formas de competencia fueron mucho más allá, hasta modificar cualitativamente las reglas del juego. A un ritmo que nunca imaginamos, el cambio comenzó a proyectarse velozmente gracias a los avances de las tecnologías y a la reducción de los costos de comunicación. El fenómeno esta-

---

[1] Valor del talento que aportan los recursos humanos de una organización o un sector de la economía, un país, etcétera.

ba impulsado por las grandes empresas internacionales para responder a dos necesidades principales: por un lado, facilitarse el abastecimiento de recursos materiales y humanos allí donde los precios expresaran una mejor relación entre costo y beneficio; por otro, ampliar el número y la envergadura de los mercados servidos a fin de poder lograr escala, aun manteniendo una oferta muy variada.

Dónde estamos

Así, el mundo como escenario de intercambio se transformó en un espacio global de manera vertiginosa. Sabemos que el fenómeno se ha instalado, pero desconocemos hasta dónde avanzará. Nadie puede asegurar cuál es la dirección del cambio ni su velocidad.

Muchos gurúes insisten en formular predicciones aunque ninguno puede identificar con exactitud las plataformas y los procesos mediante los cuales las personas trabajarán en el futuro. Solo parece indudable que la flexibilidad es y será una característica imprescindible para adaptarnos a este escenario y a cualquier otro que se presente, con sus nuevos puestos y metodologías de trabajo aún difíciles de imaginar. A propósito, queremos compartir con el lector dos experiencias ilustrativas que hemos vivido en nuestra consultora.[2]

A comienzos del año 2000, una empresa de Internet nos contrató para reclutar y seleccionar el talento que emplearía en su lanzamiento. Aplicando nuestra metodología, lo primero que hicimos fue interiorizarnos sobre el negocio del cliente. Pronto descubrimos que el proceso de reclutamiento y selección encomendado tendría algunas características únicas. Veamos.

---

[2] Bernardo Hidalgo y Asociados (www.hidalgoyasociados.com).

Entre otras posiciones, debíamos cubrir la de vendedor de espacios de publicidad en la red. En tiempos en que la palabra *banner* era bastante nueva en el medio local, la tarea resultaba todo un desafío porque, más que reclutar gente, había que formarla. Cuál era el mejor perfil y dónde hallarlo definían el núcleo de la búsqueda: ¿teníamos que poner el foco en vendedores de espacios publicitarios capaces de aprender sobre la nueva tecnología, u orientarnos hacia expertos en tecnología que pudieran capacitarse en técnicas de venta? Ahí comenzaban nuestros problemas pero no terminaban.

El cliente necesitaba también desarrolladores de ciertos juegos de PC dirigidos a jóvenes de alrededor de 15 años. Para eso, necesitábamos reclutar personas de una edad parecida a la del *target*, pero... ¿cómo celebrar un contrato con un adolescente? Dado que los padres eran los representantes legales del desarrollador, debíamos negociar con ellos. ¿De qué manera lo haríamos? ¿Qué remuneración ofreceríamos? ¿Cómo y a quién se pagaría? La experiencia fue bastante particular ya que los padres intentaban negociar condiciones propias de personas de otra generación que, ciertamente, no representaban a sus hijos.

Aquel proceso de búsqueda de perfiles vinculados a Internet –hoy, moneda corriente que a nadie asombra– constituyó un gran aprendizaje. Pero aunque lo narremos como una experiencia pasada, no creemos que esté agotada. La magnitud del fenómeno tecnológico vuelve imposible predecir para el mediano o largo plazo dónde estarán los límites y cuál será la velocidad con que deberemos continuar introduciendo cambios conceptuales profundos en nuestra práctica profesional. Desde luego, no afirmamos que la circunstancia solo afecta a nuestra especialidad. Por el contrario, recurrimos a nuestra experiencia al solo efecto de subrayar un desafío planteado a todas las organizaciones: adaptarse, adecuar sus procesos y estructuras para

poder dar respuesta interna al cambio constante, sostenido, necesario e inevitable del entorno.

El segundo ejemplo del impacto del cambio se inicia
hacia fines de la década de 1980, cuando la telefonía celular llegó a la Argentina. En ese momento, tuvimos la oportunidad de trabajar como consultores de Movicom, primera –y, por entonces, única– empresa que prestaba el servicio
en el país.

Diversos paradigmas se pusieron en juego entre quienes
lideraban el nuevo negocio de comunicaciones. Mientras
que los ejecutivos, los líderes y los profesionales, en general, buscaban activamente en las viejas tecnologías ejemplos
que pudieran extrapolar a los nuevos modelos de negocios,
los usuarios –pertenecientes en su mayoría al segmento
ABC1– vivían con orgullo poder llevar con ellos a todas partes un aparato que… ¡pesaba casi 3 kilos y costaba 3.200
dólares o más!

Algunos años después, hacia fines de los 90, todo había
cambiado. El teléfono celular reducía su precio más de
ocho veces, y su peso más de quince. Además, la prestación
del servicio experimentaba una mejora superlativa. En la
actualidad, aquellos aparatos que apenas permitían comunicaciones locales entre unos pocos abonados han
devenido en equipos que cumplen múltiples funciones.
Una de ellas –solo una entre otras– sigue siendo establecer
telecomunicaciones verbales en tiempo real.

Impacto desigual de los procesos de cambio

Las compañías tradicionales encuentran dificultades a la
hora de introducir la mejora continua en sus operaciones.
Esta, sin embargo, constituye una tendencia irreversible
que, desde comienzos de la década de 1990, está alcanzando
a todas las organizaciones.

El cambio fue iniciado y liderado por las firmas globales que, ayudadas por la tecnología y necesitadas de una mayor y más rápida capacidad de respuesta, transformaron sus estructuras. Los efectos del proceso impactaron y continúan impactando en toda la cadena de valor. Por eso, como especialistas en gestión del talento, seguimos atentamente el proceso.

Las estructuras matriciales, por ejemplo, introdujeron una innovación bastante radical. Las posiciones con varios jefes en distintos lugares del planeta han devenido un formato corriente para las compañías internacionales que modifica sustancialmente las comunicaciones entre el subordinado y sus líderes, con frecuencia mantenidas en tiempo real mientras viajan de un lugar a otro del mundo. Como especialistas en retribuciones, debemos establecer cuáles serán los nuevos parámetros de recompensa.

En un marco de competencia cada vez más aguda y sofisticada, el talento se convierte en la piedra de toque de la construcción de ventajas. Por eso, desarrollar los recursos humanos para que se comprometan con los procesos y los resultados constituye un desafío central para las organizaciones en general, y para nuestra área en particular. Los productos, los mercados, la tecnología y el acceso a los recursos financieros se transforman en *commodities*, ventajas circunstanciales que apenas detectadas pueden ser copiadas por los competidores de manera más o menos rápida. Pero el talento, el recurso humano más valioso, es un capital que brinda originalidad y diferenciación sostenible. Por eso, el éxito y el fracaso del negocio están tan fuertemente comprometidos con su composición, cultivo y mantenimiento.

La gente no es neutra. Las personas traccionan el desenvolvimiento de la empresa desde las posiciones que ocupan y, para que la tracción sea positiva y sostenida, debemos buscar, crear y utilizar todas las herramientas disponibles. Este es el desafío.

Factores intervinientes

En el establecimiento de los acuerdos entre las empresas y
su gente intervienen tres tipos de factores condicionantes.
Los primeros son externos, relativos al contexto y el mercado; los segundos se vinculan con la empresa, y los últimos, con las personas. Explicitarlos constituye el paso inicial para una gestión eficiente y eficaz. Comenzaremos por
los externos.

- **Políticas locales.** Incluyen, entre otras, las relativas a
  las relaciones laborales, la intervención del Estado en
  el sector privado, la seguridad jurídica, los cambios en
  las reglas de juego y las restricciones gubernamentales. Según su modelo, cada país brinda mayor o menor
  libertad para que las empresas inviertan en una ciudad, provincia o región, y esto se traslada –directa o
  indirectamente– a la forma de gestionar los recursos
  humanos.
- **Entorno sindical.** Se relaciona con lo anterior, ya que
  la manera de operar de los sindicatos se encuadra –en
  buena medida– en las políticas llevadas adelante por
  los gobiernos. Cuando las relaciones de fuerza entre
  trabajadores y empleadores se nivelan, el entorno se
  vuelve positivo. Pero cuando se avanza sobre espacios
  propios de la empresa, cercenándolos o limitando su
  margen de decisión, la gestión se resiente.
  En la Argentina, por ejemplo, los reclamos salariales
  atendidos durante los últimos años han dado como
  resultado un nivel de aumentos, para el personal
  encuadrado en convenios colectivos de trabajo, muy
  superior al conseguido por sus jefes quienes, por lo
  general, están fuera del sistema. En consecuencia, la
  pirámide salarial ha ido experimentado un achatamiento significativo, lo que provoca, en muchos casos,

que los subordinados tengan ingresos superiores a sus líderes, sobre todo, cuando se computan las horas extra. ¿Es incorrecto que un operario obtenga aumentos salariales importantes? No. ¿Es válido que el personal de línea tenga un buen pasar? Sí. ¿Es fácil alentar la asunción de responsabilidades mayores si esto no se traduce en un incremento del ingreso? No, imposible. Muchos economistas sostienen que, cuando las personas tienen salarios adecuados, los vuelcan a la economía y esto dispara el crecimiento en un círculo virtuoso. Decididamente, el proceso descripto es muy bueno. No obstante, resta analizar qué significa pagar esos salarios. Es preciso establecer, en primer lugar, el valor agregado por cada rol a la economía de la organización. En segundo término, debe establecerse si un aumento de los salarios puede ser absorbido por los costos sin necesidad de trasladarlo al precio final de los productos, lo cual dispararía un proceso inflacionario.

Por otra parte, debemos analizar si las diferencias de retribución entre los empleados y sus jefes son apropiadas. Cuando son adecuadas, promueven la aceptación de nuevas responsabilidades y posiciones de mayor jerarquía, es decir, alientan el crecimiento. Si la escala salarial está distorsionada, en cambio, resultará muy difícil –por ejemplo– que un operario acepte ser el supervisor de producción. ¿Por qué? Porque esta persona, en su imaginario, contempla un aumento real de entre 15 y 40% para aceptar el ascenso. Desde hace algunos años, en la Argentina, las diferencias se han reducido sensiblemente y, por lo tanto, los empresarios cuentan con menos elementos para proponer con éxito una promoción.

- **Globalización.** Aquí y ahora. Este es el momento y el lugar en que las empresas pequeñas se transforman

en grandes. Así, una firma farmacéutica de 25 empleados, que opera en Montevideo (Uruguay), puede per-
tenecer a un conglomerado internacional que da trabajo a miles de personas en diversas oficinas alrededor
del mundo. Seguramente, muchos de esos 25 trabajadores reportan a más de tres jefes, no todos en
Uruguay. ¿Cómo implementar este esquema matricial
en América Latina donde el liderazgo tiene una
impronta personal muy grande? ¿Hasta dónde resultan aplicables las teorías y las herramientas creadas
en los países centrales o en otras culturas?

- **Transnacionalización de las organizaciones.** No es un
tema menor a la hora de hablar de liderazgo y motivación. En organizaciones pequeñas, donde las relaciones humanas son más directas, la capacidad de anticipación y acción de los líderes es superior a la que
existe en grupos humanos grandes y geográficamente dispersos. Por lo tanto, el liderazgo necesita prácticas y herramientas aplicadas con criterios similares
para mejorar la detección de oportunidades y amenazas, el desempeño y los resultados de la gente.
Una compañía estadounidense, que fabrica y comercializa artículos de limpieza y tocador, aplica prácticas
de fabricación similares en todas sus plantas de América
Latina. La calidad y los estándares de los productos son
uniformes. ¿Podríamos divorciar este hecho de un trabajo minucioso de alineamiento de todos sus recursos
humanos? Resulta obvio que el comportamiento de las
personas no puede dirigirse y manejarse como un producto. Sin embargo, las compañías invierten ingentes
sumas en programas de gestión y evaluación del desempeño, de capacitación en liderazgo (y gestión), etcétera, porque –entre otros motivos– quieren fomentar la
anticipación, la proactividad y la adopción de criterios
comunes de gestión entre los recursos humanos.

El tamaño de las organizaciones significa un gran desafío para nuestra especialidad, sobre todo cuando las adquisiciones, fusiones y demás pueden modificarlo tan velozmente. Necesitamos crear modelos de gestión del talento adecuados a las empresas que buscan responder a sus casas matrices respetando los rasgos culturales de cada país o región. Debemos promover diseños organizacionales que garanticen a los individuos las condiciones para el desarrollo máximo y la aplicación plena de sus competencias.[3]

La movilidad laboral es un fenómeno que se produce en todos los países. En América Latina, por ejemplo, son muy valorados los profesionales dispuestos a trabajar en entornos multiculturales. Esto ocurre en muchos mercados, tanto en Chile y México, donde la cultura de la movilidad está más establecida, como en Paraguay o Bolivia, donde es menor. En el caso particular de México, el fenómeno es doble. Por un lado, como el tamaño de las empresas es muy grande, las oportunidades pueden darse dentro del mismo lugar geográfico. Por otro lado, la proximidad con los Estados Unidos le ha abierto un mercado interesante de productos y servicios.

Como ha señalado Edward Lawler III,[4] el entusiasmo de la gente es fundamental en el funcionamiento y el logro de objetivos de las organizaciones, cualquiera sea su tamaño. En las pequeñas, puede resultar más sencillo articularlo, mientras que en las grandes, es necesario estructurarlo para que el talento se desarrolle en la dirección deseada.

---

[3] Habilidades y conocimientos que las personas tienen y aplican al desempeñar un cargo en un contexto determinado.

[4] Prestigioso especialista estadounidense, autor de *Talent: Making People Your Competitive Advantage* (Josey-Bass, San Francisco, 2008).

- **Competidores.** Constituyen un actor clave del escenario actual. La competencia surge cuando lo que está en juego no alcanza para todos los oferentes, sea el presupuesto del cliente o el capital humano disponible.

Desde la visión de Recursos Humanos, competidores son tanto los que atentan contra la posición de nuestros productos en el mercado como los que podrían despojarnos de talentos. Por eso, si somos una automotriz, no solo tenemos que monitorear a la competencia en automóviles, como podría ser Toyota, sino también a Nextel, empresa con la que podríamos estar compitiendo por el mismo gerente financiero. En suma: debemos estar atentos al modo en que nuestros competidores manejan los costos internos y la inversión en capital humano.

Hace un tiempo, la filial argentina de Toyota debió enfrentar el alejamiento de su gerente de abastecimiento, convocado por una compañía de telefonía celular para trabajar en un nuevo proyecto. Para la automotriz, esto significaba perder la *expertise* sobre gestión de compras y abastecimiento que esa persona había desarrollado en el desempeño de su posición. Intentaron retenerlo, pero no lo lograron. Este es uno de los tantos casos en que comprobamos que el mercado competidor de talentos suele ser mucho más amplio que el relacionado estrictamente con el negocio.

La rentabilidad de la operación determina la línea de pago de salarios. Esto, según cuál sea el negocio, puede convertirse en una ventaja o en un problema serio. ¿Por qué? Porque las ganancias no son las mismas, por ejemplo, para una desarrolladora de *software* que para un fabricante de *hardware* y, por lo tanto, los niveles de retribución de sus empleados serán también distintos.

Otro tema conexo es la manera en que las compañías asumen sus compromisos éticos en cuanto al pago de los impuestos y otras obligaciones fiscales. Al respecto, muchas empresas continúan todavía aplicando prácticas poco claras que redundan en una competencia desleal con respecto a las que cumplen correctamente con las exigencias legales.

- **Volatilidad de los mercados.** Obstaculiza la posibilidad de alcanzar y mantener en el tiempo una vinculación sólida entre los objetivos de las compañías y los de su personal.

La estabilidad laboral de la época de nuestros padres es historia antigua: nada ni nadie puede garantizarnos continuidad en el puesto de trabajo, ni siquiera los modelos exitosos de negocios que, en cualquier momento, pueden ser comprados por otros grupos inversores. La permanencia en una misma posición y/o firma se ha acortado. La rotación laboral es mucho mayor que hace tres décadas, un tiempo no demasiado significativo para la historia de una organización, pero que puede equivaler a dos o tres generaciones de empleados.

Tres décadas atrás, un empleado con cinco años de antigüedad era "nuevo", recién comenzaba: se lo consideraba en carrera recién pasados diez años desde su incorporación. En la actualidad, una persona con más de diez años de actuación en la misma firma deberá demostrar crecimiento profesional para que, a la hora de pensar en un cambio de empleador, se lo considere con las competencias activas al menos con algún talento.

La aceleración y el acortamiento de los plazos exigen a Recursos Humanos idear estrategias y herramientas de pago y retribución acordes con la realidad. Todo debe ser más sencillo y rápido de utilizar.

- **Oferta y demanda.** Se vincula con el punto anterior. En una economía global, la ampliación de los mercados en el corto y mediano plazo no necesariamente es acompañada por la generación de talento.

Más allá de la evaluación política que se haga del fenómeno, América Latina experimentó, durante los 90, un desarrollo económico importante. El Producto Bruto Interno (PBI) de cada país creció de manera sostenida durante varios años y los procesos de privatización convirtieron a muchas organizaciones estatales en poderosas empresas privadas.

Las reglas de juego cambiaron con rapidez, lo que provocó –entre otras cosas– que muchas personas perdieran sus empleos. Paradójicamente, al mismo tiempo, las compañías demandaban una clase de profesionales que el mercado laboral no podía proporcionar.

En la Argentina, los servicios de telefonía devinieron un caso emblemático de la transformación. La privatización de la Empresa Nacional de Telecomunicaciones (ENTel) implicó la división del territorio nacional en dos zonas, licitadas por distintos inversores. Las nuevas compañías procuraron instalar gran cantidad de teléfonos para abastecer una demanda ávida del servicio desde hacía años. Debieron incorporar técnicos especializados e ingenieros en comunicaciones en una cantidad que ni las universidades ni las escuelas técnicas podían proveer. Así, esos talentos se tornaron un bien tan escaso como crítico. ¿Cuánto tiempo demoró el mercado en ponerse a la altura del crecimiento de la demanda empleadora? Varios años.

Algo parecido ocurrió en España con el personal de enfermería. Durante mucho tiempo, las *nurses* migraron a Inglaterra buscando una mejora en sus salarios y condiciones laborales, aprovechando la ausencia de barreras de ingreso dispuesta por la Unión Europea para cualquiera de sus ciudadanos. Alcanzado el punto crítico, España debió encarar políticas agresivas para detener la fuga de talentos.

A continuación, trataremos los condicionantes internos, relacionados con la organización en sí.

- **Tamaño y vector de crecimiento.** Ambos factores intervienen en la atracción y la expulsión de talentos. Se supone que un grupo económico grande ofrece mayores oportunidades de crecimiento para su gente y para los talentos que se relacionan con ellos de manera indirecta. A pesar de la creencia generalizada, conviene aclarar que no siempre un grupo empresario grande garantiza oportunidades para toda su gente. ¿Por qué? Porque depende de la estrategia y de la intención consistente de generar (o no) las oportunidades. Por supuesto, si la voluntad de dar espacio al desarrollo existe, las oportunidades serán mayores en la gran corporación, tanto para los colaboradores actuales como para los postulantes y candidatos externos que ven a la empresa como un imán para su empleabilidad[5] actual y su desarrollo futuro.

Conviene aclarar que el crecimiento de una persona dentro de una organización cada vez se identifica menos con los ascensos y más con los desplazamientos horizontales hacia posiciones desafiantes y/o atractivas. Así, un analista de producto puede crecer lateralmente, desempeñándose en el área de Finanzas u otra relacionada. Agilidad, versatilidad, flexibilidad, estructura jerárquica, diseño y similares definen el grado de atracción o rechazo que la organización genera en el talento.

El fenómeno de los crecimientos horizontales alentó a las universidades a desarrollar una gran variedad de

---

[5] Grado del atractivo para el mercado que un individuo ofrece como trabajador.

maestrías en Administración de Negocios a fin de enriquecer la formación profesional de grado con una visión más integral. Por eso, día a día contamos con más centros de capacitación ejecutiva organizados de acuerdo con diversos modelos que entrenan a los profesionales para ampliar su horizonte de conocimientos con otras disciplinas.

- **Estrategia y talento.** El alineamiento del talento con la visión constituye un requisito excluyente. En algunas empresas, por ejemplo, los ejecutivos y los líderes facilitan la innovación y la acción. Otorgan libertad para introducir cambios y hasta aceptan que se cometan errores, claro está, dentro de ciertos límites. ¿A qué se debe todo esto? A que existe una orientación franca hacia la innovación y el fomento de la creatividad sin descuidar los resultados. Este esquema es típico de las organizaciones que se mueven en el segmento de alta tecnología, ya que compiten en un mercado muy volátil y cambiante, y, por lo tanto, los perfiles de su gente deben ser flexibles y adaptables al modelo. La sostenibilidad del negocio depende de esto.

- **Líderes.** Una buena marca –es decir, una que tiene una oferta competitiva de productos y servicios– no equivale necesariamente a una buena empresa ya que puede no tener buenos líderes. La marca define la primera impresión que el talento recibe de una compañía. Si es buena, la compañía se le vuelve atractiva. Pero, una vez incorporado, si el jefe no confirma o acompaña ese atractivo, el talento se irá tarde o temprano. Para retenerlo, es preciso además ofrecer una buena empresa.

- **Lealtad hacia la empresa *vs.* compromiso con el rol.** ¿Qué buscan las compañías? ¿Resultados para el accionista o lealtades hacia los ejecutivos y mandos medios?

Muchas veces esto no está claro, o el discurso se vuelve contradictorio, por ejemplo, cuando los ejecutivos declaman que los resultados y la manera de alcanzarlos son prioritarios y, sin embargo, premian al personal que jura lealtad y expresa su identificación con la "camiseta de la empresa" trabajando después de hora o cumpliendo ciertos rituales de la cultura. En estos casos, las evaluaciones de desempeño son elocuentes: el subordinado es evaluado positivamente porque las conductas hablan de su fidelidad al superior que lo evalúa, sin importar prioritariamente la contribución a la organización.

Un jugador de un club de fútbol (empresa) acaba de terminar un partido (jornada laboral) durante el cual anotó dos goles (resultados). Mientras camina abandonando el campo de juego rumbo a los vestuarios, un periodista de la televisión local se acerca para recoger sus primeras declaraciones. Todavía agitado, con la tribuna aún vitoreándolo, el jugador aprovecha para contar la marcha de sus negociaciones con otro club que desea contratarlo. Habla de las condiciones que trata de pactar: salario, prima de ingreso, gastos de mudanza a la ciudad del nuevo equipo, etcétera. En esta anécdota, ¿leemos sobre fidelidad a la empresa? ¿Qué podemos suponer que pretenderán los directivos de ambos clubes? Ellos quieren que el jugador anote goles. Eso es compromiso con el rol. Por supuesto, mientras el deportista esté en tal o cual club, deberá conducirse con profesionalismo. Por lo demás, el desempeño de su posición y los resultados que logre orientarán su futuro. De manera análoga, esto es lo que busca la organización del siglo XXI. Quizás el concepto resulte difícil de asimilar para las empresas tradicionales, pero es un cambio que deben hacer para continuar operando.

Como ejecutivos, líderes o especialistas en Recursos Humanos, nuestra responsabilidad es sumarnos a la tendencia y trabajar para que las prácticas en compensaciones estén asociadas a las necesidades de la compañía. Esta debe ser nuestra orientación respecto del talento.

- **Mano de obra intensiva *vs*. capital intensivo.** ¿Cuál es la ecuación del costo de mano de obra? ¿Ofrecemos servicios de alto valor agregado en los que el costo del talento posee una participación significativa en el precio final? ¿O, por el contrario, es más importante la incidencia de variables tales como materia prima, gastos de fabricación y similares? Y lo más interesante, ¿cuál es la expectativa de ganancia del accionista? En la industria de productos de consumo y tocador, por ejemplo, la incidencia del costo del personal en el precio de venta del producto terminado es inferior al 10%. Sin embargo, los salarios de los trabajadores se cuidan, controlan y analizan en detalle precisamente porque, en un entorno competitivo, un eventual aumento no podría trasladarse al precio de venta de los productos terminados.

Por último, trataremos el que consideramos el principal factor condicionante a escala personal: el tiempo. Para ello, nos permitiremos contar una breve historia escuchada en nuestro ejercicio profesional.

Un día le pregunté a mi hijo –hoy, ingeniero industrial– cuál quería que fuese su sueldo el año siguiente. Él estaba cursando el cuarto año de la carrera y trabajaba en una empresa internacional. "El doble", me respondió. Tenía 22 años.

Alicia es una amiga que trabaja como gerente de Administración y Finanzas de una compañía. Tiene 50 años. Cuando le hice la misma pregunta, contestó: "Primero me gustaría mantener el empleo y después hablar de aumentos". Razonable, ¿verdad?"

Las dos miradas nos hacen pensar acerca de los acuerdos que se celebran entre las empresas y las personas considerando un elemento que los especialistas, a veces, pasamos por alto: las etapas vitales de la gente. La edad del futuro ingeniero y la de Alicia despiertan expectativas diferentes en cada uno de ellos respecto del contrato con la empresa. Al mismo tiempo, sus respuestas ponen de relieve que el corto, mediano y largo plazo no significan para una empresa lo mismo que para el individuo.

Para diseñar acuerdos entre las partes, hay que tomar en cuenta el momento y también el período o etapa en que se encuentran. En el comienzo de la relación laboral, la compañía y el candidato establecen el papel que este debe desempeñar y las condiciones formales acerca de la retribución. Este arreglo, más o menos claro y definido, se realiza al iniciarse el vínculo. Los resultados finales dependerán, en buena medida, de la capacidad de negociación que detenten las partes según la oferta y la demanda de talento y trabajo.

Sin embargo, una vez que la persona ingresa, suceden cosas que cambian las condiciones o hacen que deban modificarse. No hablamos del incremento en el costo de vida ni del aumento o disminución de las responsabilidades asignadas por la empresa al empleado. Estas circunstancias y hechos siempre existen y son más visibles. Nos referimos a otra clase de movimientos: unos que van de la mano de la etapa vital que atraviesan las personas, que acompañan momentos especiales de sus vidas.

¿Qué pretende por su esfuerzo y sus resultados un joven profesional de 25 años? ¿Y un visitador médico, también profesional, de 40 años, que está casado y tiene dos hijos? Podríamos estar hablando de la misma persona, con 15 años de diferencia. Resulta evidente que los deseos han cambiado. La pregunta clave es si la compañía ha podido satisfacerlos. Con frecuencia, las organizaciones no lo logran y se produce la ruptura del vínculo laboral. Una ruptura que no equivale necesariamente a pelea sino, simplemente, a que el acuerdo fundante de la relación de trabajo no puede sostenerse en el tiempo.

Hasta aquí, hemos sintetizado algunos de los principales factores condicionantes del vínculo entre el talento y la organización. En conjunto, apenas pintan con trazo grueso el complejo telón de fondo de nuestro trabajo cotidiano.

Dispersión geográfica del mercado de empleo

Otros elementos de contexto son la dispersión y la madurez de cada mercado de empleo. La dispersión se relaciona con la amplitud geográfica de los países. La madurez, por su parte, hace referencia a la envergadura alcanzada por los centros de empleo en cada región o ciudad.

El continente americano tiene una superficie de 42 millones de kilómetros cuadrados, y está dividido en 35 países que reúnen 910 millones de habitantes. La mayoría de ellos habla español, inglés o portugués, mientras que el resto lo hace en alguna de las otras siete lenguas oficiales reconocidas.

Europa, en cambio, alberga 50 países con 20 idiomas oficiales en una superficie de 11 millones de kilómetros cuadrados (equivalente a casi un cuarto de nuestro continente) donde residen 735 millones de habitantes.

La densidad de población en América es bastante menor que en Europa. Sin embargo, las grandes ciudades americanas aventajan al Viejo Continente en concentración de habitantes, lograda en detrimento de los pequeños pueblos o las ciudades provincianas.

Desde el punto de vista del mercado de empleo, la descripción que acabamos de hacer permite comenzar a estimar la facilidad o dificultad para reclutar gente, un elemento crítico para la instalación de empresas.

En la provincia argentina de Santa Fe, por ejemplo, se encuentra la ciudad de Rafaela, un importante centro industrial de la zona. Más allá de su origen histórico, relacionado con la actividad agropecuaria, la ciudad adquirió sus características actuales gracias al impulso dado por políticas públicas.

Estas propiciaron la inversión privada y la colaboración de escuelas y universidades que, a su vez, formaron a muchos de los técnicos y profesionales que hoy trabajan para las empresas allí arraigadas.

En cambio, la ciudad de Sunchales, situada a solo 30 kilómetros de Rafaela, no exhibe la misma fuerza empresaria ni un polo industrial de similar envergadura. La situación provoca que, cuando una empresa necesita contratar personal calificado, deba sobrepagar para conseguirlo en Sunchales o para que alguien acepte quedarse a vivir en esa ciudad. Aun así, en muchos casos, tampoco lo consigue ya que los talentos locales, por lo general, se han trasladado a otros centros urbanos.

Cuando una organización está localizada en un conglomerado urbano periférico requiere de una política de incorporación de personal que facilite el traslado de los candidatos y sus familias desde otros centros urbanos, con el consecuente aumento en los costos.

Por eso, ciudades que tienen en apariencia características similares (como Rafaela y Sunchales) pueden presentar entornos competitivos diferentes en lo que a empleos se refiere.

Este fenómeno está más extendido en América Latina (donde la concentración de habitantes en grandes ciudades es importante) que en América del Norte (donde la relocalización de la población es más común). En los Estados Unidos y Canadá, resulta corriente que los estudiantes adolescentes elijan universidades alejadas de la ciudad de residencia de sus familias. Así, llegados a la vida adulta y habiendo formado ya sus propias familias, pueden aceptar con bastante naturalidad mudarse a cientos de kilómetros para acceder a una propuesta laboral.

Pero en América Latina, las costumbres y la geografía son algo diferentes. Por eso, los empleados aceptan el traslado siempre que la nueva realidad les sea ampliamente favorable. Para que un trabajador que vive en el Distrito Federal en México, en Santiago de Chile o en San Pablo (Brasil) considere mudarse a una ciudad o a un pueblo del interior del país, la oferta debe ser muy conveniente. Por una parte, tiene que incluir la provisión de vivienda o, por lo menos, préstamos para conseguirla, además de una remuneración suficiente como para "hacer una buena diferencia" en un período corto.

Las características geográficas de los mercados latinoamericanos de empleo y la idiosincrasia de sus empleados plantean un desafío importante para las organizaciones ubicadas fuera de los principales centros urbanos, las cuales deben trabajar sobre la retribución como elemento de retención y sobre el costo de reubicación.

¿Qué pueden hacer las empresas al respecto? ¿Cómo deberían proceder? Investigar la realidad de cada lugar antes de decidir instalarse en un pueblo pequeño o una ciudad periférica. ¿La fuerza laboral está envejeciendo? ¿Es muy joven? ¿Hay escuelas técnicas o universidades en la zona? ¿Dónde están los centros urbanos más próximos para buscar potenciales empleados? ¿Cuál es la competencia? ¿Existen otras empresas ya instaladas en el lugar? Estas y otras preguntas similares permitirán que las compañías reduzcan el riesgo de tomar una decisión errónea sobre dónde radicarse, la cual podría obligarlas a afrontar costos muy altos en despidos y traslados de oficinas o plantas industriales.

Cambios dentro de las organizaciones

Antes, cuando un empleado fallecía, algún miembro de la familia (hijos o cónyuge) tenía una vacante a disposición para continuar trabajando en la empresa. Esto no ocurría solamente en empresas estatales sino también en las privadas. Es probable que muchos lectores jóvenes, en este instante, no salgan de su asombro.

Pero los antiguos lazos de lealtad entre las empresas y las personas se han roto. Los despidos, las reducciones de personal, las restricciones presupuestarias y la pérdida de estabilidad laboral han deteriorado la tradicional confianza recíproca. Estamos frente a un nuevo modelo de relación laboral. ¿Qué lo distingue?

Se concibe al talento como un público segmentado, es decir, en el que se reconocen diferencias, particularidades y demás. Los conceptos de carrera para toda la vida, de trabajo estable y de lealtad hacia una sola empresa desaparecen en forma paulatina. Las personas buscan constantemente mejores oportunidades en el mercado, sin importar quién las ofrezca. El corto plazo reemplaza al largo plazo. El fenómeno del cadete que llegó a ser gerente no existe más. Hasta hace poco tiempo, era frecuente encontrar gerentes de bancos, con 25 años de servicio o más, que contaban con orgullo su historia en la institución: *"Empecé como empleado en el sector de Cuentas Corrientes y, en unos meses, me voy a retirar como gerente regional"*.

¿Por qué antes se podían hacer esas carreras y hoy no? Entre otros factores, porque las habilidades que el empleado necesitaba para llegar a ser gerente podían adquirirse a través de la práctica cotidiana. Era el rol, ejecutado de la misma manera durante años, el que proporcionaba la *expertise* suficiente para que los resultados fuesen los correctos. Sin desmerecer las responsabilidades que se asumían en esos tiempos, la complejidad actual de los puestos ha cambiado no solo por cómo deben hacerse las tareas, sino también –lo que es más importante– qué debe hacerse.

La competencia por el talento se verifica tanto entre empresas como entre áreas de la economía. Por eso, las organizaciones deben recurrir a otras maneras de reclutarlo. Mientras que antes lo hacían solamente "cazándolo" (*headhunting*) en otras compañías, de la mano de la mejora en las condiciones de salud y la expectativa de vida de la población, la búsqueda se extendió a personas retiradas pero aún plenamente activas y profesionalmente aptas para volver al trabajo. También existen otras fuentes de reclutamiento, como el mercado de emprendedores, quienes se han convertido en un fenómeno que atrae la atención de las firmas que recurren a ellos para ciertos desarrollos puntuales sin establecer una relación a largo plazo. Tal es el caso de los especialistas en SAP[7].

Este grupo de profesionales, compuesto por desarrolladores, programadores e instaladores, circulan por el mercado sin permanecer mucho tiempo en ninguna organización. Así, se han transformado en una suerte de "nómades laborales", para quienes la tarea y el desarrollo del rol constituyen las anclas que los vinculan por un tiempo determinado con cada organización y, una vez cumplida su misión, pasan a otras empresas para comenzar un nuevo ciclo.

¿Es equivocado trabajar de esta manera? ¿Es malo que los viejos paradigmas de lealtad hacia la empresa no estén presentes? Ante todo, debemos reconocer el dato obvio: esta realidad existe, y no podemos cambiarla. Fue generada por las circunstancias del mercado y el cambio en la idiosincrasia de las nuevas generaciones. Nuestra responsabilidad como líderes es reconocer las condiciones actuales y adaptarnos, y, en el caso de las prácticas referidas a las compensaciones, rediseñarlas para asegurarnos su adecuación.

Asistimos a la transición desde un diseño organizacional piramidal (Figura 1), de inspiración burocrática, hacia

---

[6] Empresa alemana de software (www.sap.com).

otro eminentemente plano, más participativo y matricial (Figura 2). Los siguientes cuadros sintetizan los principales rasgos de cada uno.

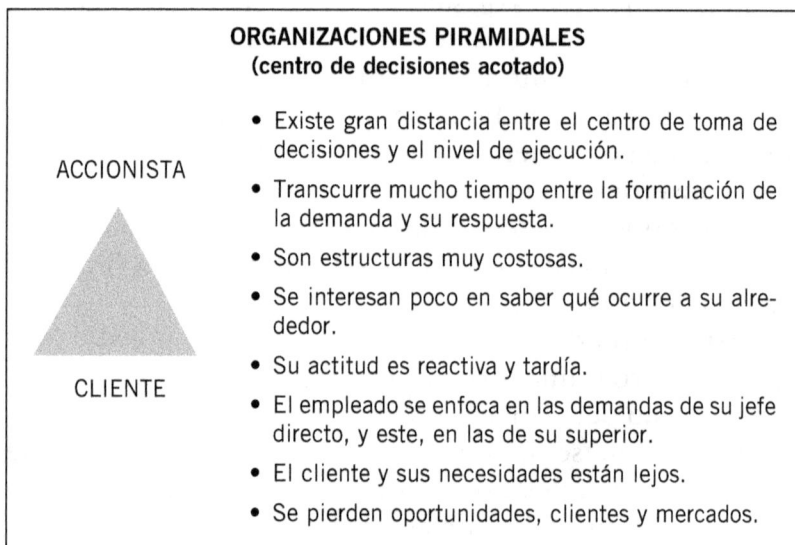

ORGANIZACIONES PIRAMIDALES
(centro de decisiones acotado)

ACCIONISTA

CLIENTE

- Existe gran distancia entre el centro de toma de decisiones y el nivel de ejecución.
- Transcurre mucho tiempo entre la formulación de la demanda y su respuesta.
- Son estructuras muy costosas.
- Se interesan poco en saber qué ocurre a su alrededor.
- Su actitud es reactiva y tardía.
- El empleado se enfoca en las demandas de su jefe directo, y este, en las de su superior.
- El cliente y sus necesidades están lejos.
- Se pierden oportunidades, clientes y mercados.

Figura 1

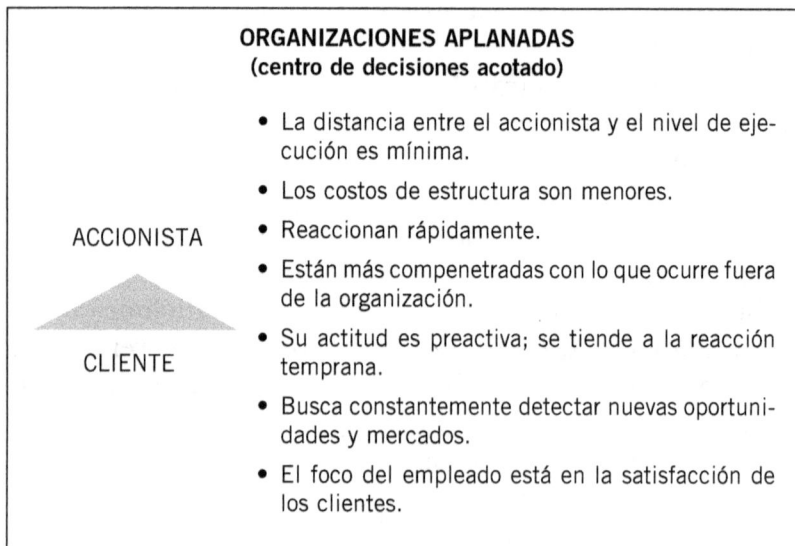

ORGANIZACIONES APLANADAS
(centro de decisiones acotado)

ACCIONISTA

CLIENTE

- La distancia entre el accionista y el nivel de ejecución es mínima.
- Los costos de estructura son menores.
- Reaccionan rápidamente.
- Están más compenetradas con lo que ocurre fuera de la organización.
- Su actitud es preactiva; se tiende a la reacción temprana.
- Busca constantemente detectar nuevas oportunidades y mercados.
- El foco del empleado está en la satisfacción de los clientes.

Figura 2

Estos modelos son construcciones teóricas y, por lo tanto, difícilmente los encontremos en la realidad en estado puro. Sin embargo, podemos observar que las organizaciones más piramidales y burocráticas están migrando mayoritariamente hacia diseños planos. El fenómeno impacta en el área de Recursos Humanos y, en particular, en el esquema de remuneraciones porque, en las organizaciones que aspiran al alto desempeño, las personas necesitan:

- comprender la estrategia de la empresa;
- conocer el negocio, a sus clientes y a los competidores;
- poder influir en las decisiones importantes de la organización y sus métodos de trabajo a través de una participación activa, y
- recibir retribuciones de acuerdo con el éxito de la empresa y con el valor que cada uno agrega más que con un derecho adquirido con el tiempo.

El reconocimiento del diseño organizacional constituye una condición importante para abordar el tema de las compensaciones. En particular, es necesario analizar y reconocer la estrategia de la compañía así como la importancia que le da al talento. Este es el momento de preguntarse sobre cuestiones tales como:

- el grado de foco en la tecnología;
- la orientación hacia los resultados;
- la articulación de las decisiones de corto plazo con las de mediano y largo;
- el lugar otorgado a la innovación;
- la importancia concedida a la investigación y el desarrollo;
- los conceptos de servicio y calidad incorporados, etcétera.

Estos y otros temas determinan el papel conferido a los recursos humanos en la estrategia de la firma. Por ejemplo, una compañía con necesidad de lograr resultados financieros en el corto plazo tendrá un modelo de gestión de los recursos humanos diferente de otra que privilegie la innovación de sus productos. La estrategia del talento y las compensaciones deben estar alineadas con el modelo de organización existente y con las razones que motivaron su elección.

Importancia del tamaño de la organización

Las organizaciones se pueden segmentar mediante diversos parámetros. Atentos al foco del presente libro, señalaremos las principales diferencias que, girando en torno al tamaño, impactan en la estrategia de pago.

La dimensión determina la mayor o menor visibilidad que tienen las personas en general y los líderes en particular sobre el desempeño de sus procesos. En compañías con dotaciones numerosas, donde la dispersión de sus centros de administración y gestión suele ser notable, la reacción frente a hechos o acontecimientos es más lenta. En ocasiones, incluso, el líder se entera tarde, mal o nunca, de lo que ocurre en algún sector del área a su cargo y, por lo tanto, la posibilidad de reaccionar se reduce, o no existe.

En organizaciones de gran magnitud, el control visual es escaso y no sirve para medir resultados, lo que produce que se extraigan conclusiones equivocadas. En estos casos, se impone contar con herramientas que permitan a los ejecutivos unificar conductas y criterios acordes con el modelo establecido por la organización. Por eso, los grandes grupos suelen disponer de manuales de procedimientos, sobre todo, para transmitir el conocimiento. Se vuelve importante la inversión en capacitación en aspectos técnicos y también de *management* como una forma de reasegurar la vigencia y aplicación de los modelos de gestión establecidos.

También conviene prestar atención a las diferencias entre las grandes empresas internacionales y las nacionales. En el primer caso, muchas de las prácticas de Recursos Humanos vienen indicadas desde las casas matrices y se las adapta –en mayor o menor medida, con más o menos fortuna– a la cultura local. Las grandes empresas nacionales, por su parte, han crecido en el entorno doméstico. Algunas, desde allí, se han proyectado hacia el mundo y, en consecuencia, el sentido en que transfieren las prácticas se invierte.

Nacionales o internacionales, en cualquier caso, las empresas de gran tamaño afrontan un desafío común: crear procesos para que las numerosas personas que trabajan para ellas actúen de manera coordinada y conforme con los lineamientos estratégicos.

Las empresas medianas, por su parte, son las que, por su tamaño, gozan o sufren las consecuencias que pertenecen a las grandes y a las pequeñas.[7] Tienen algo de las chicas y algo de las grandes. En organizaciones de esta envergadura, la visibilidad de las acciones de los colaboradores es escasa pero no imposible. Nuestro desafío es crear dispositivos que acompañen el trabajo de los líderes sin que ello constituya un estorbo ni instaure una burocracia excesiva.

Entre las compañías medianas, también las hay internacionales y nacionales. Las primeras, por lo general, cuentan con más y mejores herramientas de gestión de Recursos Humanos que las segundas.

Por último, las empresas pequeñas suelen distinguirse por una dotación escasa, distribuida en unos pocos centros

---

[7] Los parámetros adoptados para definir cuándo una empresa es grande, mediana o pequeña varían según el país. Por ejemplo, en la Argentina, las autoridades toman en cuenta la facturación anual y el tipo de actividad; en Uruguay, la cantidad de empleados, la facturación anual y los activos, y en México, el número de empleados y la actividad.

de trabajo. La reacción frente a los problemas es rápida aunque los medios de transmisión del conocimiento no están estrictamente formalizados, ya que cuando se dispone de manuales de procedimientos, estos están más orientados a cumplir regulaciones ISO que a su aplicación real en el desempeño cotidiano. Lo habitual es que el empleado que deja la posición explique al recién ingresado las funciones a desarrollar. Por supuesto, esta metodología funciona solo cuando quien deja el puesto lo hace por promoción o en el marco de una desvinculación programada y amigable.

Grupos virtuales, una nueva categoría

Una modalidad novedosa, que podemos encontrar en organizaciones de cualquier tamaño, son los grupos virtuales de trabajo.

Gracias a las nuevas tecnologías de la información y la comunicación, los miembros de una organización pueden interactuar en tiempo real, a muy bajo costo, con independencia de qué tan distantes geográficamente se encuentren. Incorporados de manera progresiva durante los últimos años al menú de alternativas de la organización del trabajo, los grupos virtuales de trabajo tienen por delante un futuro de desarrollo cuyo límite es difícil aún predecir. De lo que no hay dudas, es de que ofrecen a los especialistas en Recursos Humanos un desafío que no puede obviarse.

Hacia un autodiagnóstico

La estrategia de compensaciones debe estar asociada y colaborar con la realización de la visión de la empresa y del área de Recursos Humanos. Por esta razón, resulta imprescindible que, desde nuestra especialidad, trabajemos siempre teniendo en cuenta un diagnóstico –permanentemente actualizado– de la situación del negocio, tanto desde el punto de vista externo (el contexto macro y micro, tratado en el presente capítulo) como interno (estrategia de la empresa y de nuestra área, que trataremos en el próximo capítulo).

Así, por ejemplo, si la compañía se encuentra en una fase de expansión, seguramente se planteará la necesidad de contratar talento nuevo capaz de acompañar el crecimiento. Si el mercado puede proporcionarlo para atraerlo, la organización deberá pagar salarios por encima del promedio. Si los recursos humanos adecuados no están disponibles en el mercado, no será suficiente sobrepagar: habrá que buscarlos en otros lugares o mercados.

En cambio, cuando la organización está manteniendo su nivel de negocios y cree que continuará haciéndolo en un futuro mediato, deberá poner en marcha acciones de retribución tendientes a proteger el talento actual, evitando su salida hacia otras ofertas laborales. La flexibilidad en las políticas de retribución –en este cuadro, importantísima– se manifestará en paquetes de beneficios diseñados a medida de cada colaborador. Quizás no sea necesario aumentar el presupuesto en salarios, pero sí administrarlo de manera diferente a fin de aumentar las barreras de salida al talento que se quiere retener.

Por último, si la empresa está recortando gastos para sobrevivir, Recursos Humanos deberá agudizar su habilidad para segmentar. Cuando las compañías ajustan sus presupuestos deben pensar no solo en el corto sino también en el mediano y largo plazo. ¿Qué colaboradores se necesitan para salir rápidamente de la crisis? ¿Cuáles son los empleados más importantes? Para algunas personas, segmentar significa comportarse de manera injusta, porque consideran que privilegia la continuidad de unos con respecto a la de otros. Por eso, la medida requiere de mucho valor y, sobre todo, de un análisis y razonamiento previos concienzudos que sustenten las decisiones.

51

En suma, cada política de compensaciones debe acompañar la estrategia de segmentación del talento que las empresas hayan establecido según la estrategia del negocio. Al respecto, el tipo de compañía y el momento en que se encuentra constituyen dos factores condicionantes claves para diseñar la política de compensaciones.

Una vez conocido el entorno, podremos accionar sobre el talento de la manera más adecuada. ¿Consejos?

- Conocer al grupo humano que conforma la empresa e identificar a los mejores talentos.
- Diseñar planes de retribución para retenerlos, tan diferenciados como sea posible, según las características de cada segmento.
- Crear programas de retención que resulten simples y entendibles para todos, principalmente para sus destinatarios.
- Modificar y adaptar los programas de retención cuando sea preciso: la flexibilidad es la clave.
- Capitalizar la imagen positiva de la empresa que pueden darle su origen, posición, prestigio, marcas que maneja, segmento del mercado que atiende, valoración en la comunidad, etcétera.
- Trabajar activamente para mejorar los desempeños regulares o malos. Las compañías no pueden permitirse tener empleados con resultados pobres, no solo por los resultados en sí sino por el mensaje y el contagio que pueden suponer para el resto del equipo.
- Aceptar que las personas ingresan a las empresas para hacer un trato: ponen su talento a disposición de la organización a cambio de algo en el corto, mediano y largo plazo. Si los acuerdos no se cumplen, el contrato psicológico se rompe. Esto es normal, sucede muchas veces. Lo importante es conocer y reconocer esta circunstancia.

A modo de síntesis

La globalización impone optimizar la gestión y el liderazgo del talento a fin de poder competir con éxito y rentabilidad. Una herramienta importante para llevar adelante esta tarea son las compensaciones, afectadas siempre por el contexto y el mercado, la dinámica de las empresas y las características de las personas.

Sin perder de vista el escenario mundial, América Latina comienza a enfrentar algunos de sus principales desafíos. Entre estos, se destacan los costos de reubicación y retención del capital humano, en los que influyen la amplitud geográfica, las diversas idiosincrasias y la competencia por el talento entre empresas y áreas de la actividad económica a escala local, regional y global. Asimismo, se impone la búsqueda de instrumentos que permitan unificar conductas y criterios para gestionar y liderar al capital humano –con frecuencia, de manera remota– en organizaciones de tamaño y dispersión geográfica cada vez mayor.

Como siempre, la estrategia de compensaciones debe pensarse y funcionar al servicio de la estrategia de la empresa, pero ahora desarrollando e instalando prácticas capaces de lidiar con cambios de contexto veloces, radicales y, con frecuencia, imprevisibles.

CAPÍTULO II

LA ESTRATEGIA

Las organizaciones son excelentes si y solo si cuentan con recursos humanos excelentes. Los recursos humanos pueden desempeñar su excelencia si y solo si trabajan en una organización excelente (Figura 3). Comprendido esto, organizaciones y recursos humanos excelentes pueden devenir en los términos de una ecuación de retroalimentación que funde el despliegue de un círculo virtuoso de crecimiento.

Sin embargo, la mayoría de los empleados no percibe una relación directa entre lo que hacen y el éxito de su empresa. ¿Padecen miopía? ¿O es que sus líderes no hacen lo suficiente para que la relación se explicite y se vuelva consciente para todos?

Ya hemos señalado, en el capítulo anterior, el papel singular que está llamado a desempeñar el capital humano en el contexto actual. La gente se ha convertido en la fuente de una potencial ventaja competitiva. Por lo tanto, como elemento de diferenciación difícil de copiar y, por ende, de posicionamiento relativo exitoso y rentable, las personas constituyen hoy un factor crítico para el trazado de cualquier estrategia de negocio. Este es el ángulo que exploraremos en el presente capítulo antes de abordar las prácticas correspondientes a la gestión de compensaciones.

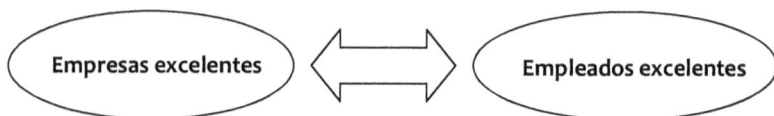

Figura 3

Atraer, retener y motivar

La empresa debe atraer, retener y motivar de la manera adecuada a las personas apropiadas. Pero para hacerlo, ¿cuáles son las principales herramientas de las que puede valerse? El atractivo central de una compañía se resume en su imagen, definida por un conjunto de elementos: el proyecto, las marcas y el paquete de retribución, compuesto por el salario básico,[1] la compensación efectiva[2] y los beneficios. Sus principales argumentos de retención y motivación deben contemplar, como mínimo:

- un programa de crecimiento;
- una posición apropiada, en cuanto a funciones y prestigio, con las calificaciones de quien la desempeña;
- responsabilidades suficientemente desafiantes como para llamar la atención del talento;
- un equipo que despierte deseo de pertenencia y orgullo (no olvidemos que "los buenos atraen a los buenos"), y
- un liderazgo inteligente y comprometido.

---

[1] Remuneración en metálico que el trabajador percibe con independencia de la calidad de su desempeño.

[2] Salario neto, incluidos los variables y adicionales (como, por ejemplo, el sueldo anual complementario –SAC– o aguinaldo).

Apenas vemos el protagonismo del talento en el logro de la visión, la retribución deja inmediatamente de ser un tema específico del área de Recursos Humanos (como puede serlo, por ejemplo, la liquidación de la nómina)[3] o transversal de un número reducido de áreas (como higiene y seguridad, capacitación y otros similares). La gestión de las compensaciones constituye hoy un problema de nivel estratégico que nos desafía a buscar la mejor y más inteligente manera de administrar un presupuesto escaso en consonancia con los lineamientos estratégicos de la compañía.

Las remuneraciones no son un elemento neutro: proveen a la competitividad, la reducen o la vuelven imposible. Si nuestros negocios permitieran trasladar cualquier aumento de los costos –entre estos, los salarios– al precio de venta de los productos y servicios que ofrecemos, el problema de las compensaciones resultaría mucho más simple. Pero eso pasa muy pocas veces si es que alguna vez pasa. Desde las empresas industriales hasta las que prestan servicios de altísimo valor agregado, desde las organizaciones de la sociedad civil (asociaciones sin fines de lucro, fundaciones, etcétera) hasta el sector público (a través de hospitales, organismos de administración y demás), para ser sostenibles, deben ajustarse a una restricción de los recursos: las primeras, para seguir siendo competitivas y rentables; las otras, para continuar existiendo y mejorar en la creación de valor social y público.

Aunque el impacto de las remuneraciones resulta significativo para cualquier organización, en este libro nos concentraremos en el papel que las remuneraciones inteligentes desempeñan en las empresas, sobre todo, cuando se

---

[3] A propósito, muchas empresas están tercerizando la liquidación por entender que no hacen al núcleo del negocio (*core business*). Así, por un lado, concentran el potencial de sus talentos en la construcción de ventajas competitivas y, al mismo tiempo, aprovechan el valor que les agrega la *expertise* altamente especializada de las organizaciones externas con que tercerizan.

trata de atraer, retener y motivar al mejor talento para el éxito del negocio.

Segmentar el talento

En nuestro trabajo, partimos de una tesis muy clara: cada organización debe identificar los vectores de excelencia y la manera en que sus miembros contribuyen a desarrollarlo. Dado que cada persona aporta algo diferente, su recompensa debe guardar una proporción adecuada al valor que agrega.

De nuestra tesis, se infiere que no todos deben recibir lo mismo. Incluso, hasta puede inducir a que se amplíen las brechas entre los salarios de una misma plantilla. Por eso, agregamos: la única manera de que las diferencias no expresen una voluntad arbitraria, injusticias lisas y llanas, es que se sustenten en decisiones respaldadas por argumentos y criterios tan objetivos como sea posible. De esto trata nuestro libro: de legitimar las diferencias salariales.

Gracias a muchos años de estudios y de experiencia profesional, estamos convencidos de que cuando las empresas aplican herramientas de administración salarial que responden a políticas, y estas políticas se inscriben, a su vez, en estrategias de retribución, el personal reconoce que las decisiones referidas al nivel de retribución –con las que puede estar o no conforme– no son el fruto de un capricho.

Así como la empresa segmenta a sus clientes externos, debe hacer lo propio con los clientes internos. Porque no solo se ha hecho imposible competir por los mercados con un producto o servicio indiferenciado sino que también se ha vuelto inviable competir por los talentos cuando no tenemos algo particular para ofrecerles, comenzando por una compensación diferenciada. Segmentar es el imperativo de la hora.

Liderazgo y compensaciones

Cuando en una compañía se habla de remuneraciones, ¿qué papel les cabe a los líderes? Los salarios constituyen casi siempre un tema de conflicto entre el líder (supervisor, jefe, gerente) y el subordinado. Por eso, tal vez, los gerentes prefieren con frecuencia derivar la cuestión al área de Recursos Humanos. Pero, más allá de la táctica que se elija para abordar la cuestión, es preciso establecer el lugar que las remuneraciones ocupan como tema del desempeño de funciones de liderazgo.[4]

La compensación[5] es un elemento de gerenciamiento, tan propio y genuino como muchas otras prácticas de uso cotidiano. La persona a la cual alguien reporta es siempre su primer "gerente" de Recursos Humanos sin importar que tenga rango de supervisor, jefe, gerente o cualquier otro. Él o ella es la persona que, cotidianamente, lidera, motiva, capacita, evalúa y demás. Las evaluaciones de desempeño, los procesos de reclutamiento, los programas de capacitación, los planes de sucesión y la administración por objetivos, para citar solo algunas, son herramientas que todo líder debe emplear con el asesoramiento adecuado de las áreas especializadas. Porque es misión del especialista prestar apoyo al líder, no reemplazarlo en su función.

En suma, el área de Recursos Humanos y todos sus especialistas deben convertirse en un aliado clave de la

---

[4] En ciertos ámbitos e instituciones, como las fuerzas armadas o de seguridad, el sistema de salud o el educativo, etcétera, el salario no forma parte del problema entre supervisores y subordinados ya que los incrementos corren por otra vía (por ejemplo, la política). Por lo tanto, en esos casos, la cuestión salarial no se transforma en una herramienta de tracción y liderazgo para los jefes directos.

[5] Todo aquello que se recibe a cambio de una prestación. En el ámbito laboral, además de la remuneración en dinero, puede incluir otros elementos percibidos como valiosos por el sujeto tales como beneficios, reconocimiento, protección, estatus, etcétera.

gestión –en particular, cuando en ella puedan presentar-
se conflictos– diseñando, aplicando y proporcionado prácticas de uso sencillo para el líder que esté en contacto con
el talento.

Prácticas al servicio del cliente interno

Florencia es jefa de Compras de una cadena internacional
de supermercados minoristas de gran prestigio. Inmediatamente después de graduarse en Ingeniería, se incorporó a la
compañía como joven profesional en el área de Abastecimiento. Con el correr de los años, fue ocupando posiciones
de mayor nivel. Cuando la conocimos, tenía a su cargo un
grupo de compradores de diversas especialidades.

Sus estudios le permitieron a Florencia manejar herramientas *hard* para hacer presupuestos, cálculos complejos y análisis de demanda. Como compradora, se valía de
ellas para cumplir con los objetivos de su puesto: comprar lo mejor al precio más conveniente, garantizar el abastecimiento a las tiendas con un mínimo *stock*, considerar no
solamente la calidad de los productos sino el flujo de caja,
y establecer una relación a largo plazo con los proveedores,
considerados socios estratégicos por esta cadena de *retail*.

La promoción de Florencia, sin dudas, fue motivada por
su solvencia técnica. Pero esa idoneidad no era suficiente
para liderar gente. El rol había cambiado y aunque contemplaba objetivos similares a los que tenía antes, ahora debía
alcanzar los resultados a través de un grupo de gente puesta a su cargo. Por lo tanto, debía realizar un cambio en su
manera de actuar y, para eso, la empresa puso a disposición
una serie de medidas que la ayudarían, desde la capacitación
en temas de liderazgo hasta el uso de formularios especiales.

Florencia aceptó la capacitación rápidamente, pero
completar formularios… Eso no la seducía ni convencía

demasiado. Prefería manejarse de otra forma con sus ex compañeros y ahora colaboradores. Rechazaba cualquier proceso burocrático, sinónimo para ella de una pérdida de tiempo. Y lo hizo saber. Lo planteó.

La situación de Florencia como jefa la hemos visto repetida –de manera manifiesta o latente– en un sinnúmero de compañías. Si los líderes expresaran esas quejas de manera abierta, oportuna y en los ámbitos pertinentes, resultaría de gran valor para los responsables (internos o externos) de Recursos Humanos. El señalamiento representaría una oportunidad, ya sea para tomar intervención, explicar las ventajas de la herramienta y/o introducir las mejoras necesarias en los procesos. Por supuesto, a veces el área de Recursos Humanos tampoco contribuye si no se ocupa y asegura de que existan canales abiertos y eficientes para el intercambio. Cuando no se habla claramente sobre las prácticas y las herramientas, los problemas que estas deberían prevenir o solucionar tarde o temprano se manifiestan, provocando una pérdida de productividad asociada.

¿Qué podemos hacer desde Recursos Humanos? Atender cada vez mejor las necesidades del cliente interno. ¿Cómo? Simplificando las herramientas, perfeccionando su adecuación a la demanda y anticipándonos a lo que puede llegar a ocurrir. Cualquiera que sea la envergadura de una empresa, esta es la responsabilidad de Recursos Humanos.

Dado que es mucho más importante el uso que cada persona pueda hacer de un formulario que el preciosismo de su diseño, nuestra función debe orientarse hacia la facilitación del trabajo, y no a entorpecerlo. Si queremos que la organización valore nuestro aporte especializado, debemos asegurarnos de que las prácticas que propongamos y las herramientas que proveamos contribuyan con sencillez, eficiencia y eficacia a llevar a cabo la misión (de la empresa en general y de cada posición en particular) y alcanzar su visión. Las sofisticaciones superfluas no solo desalientan el uso de nuestras tecnologías, atentan contra nuestra confiabilidad como aliados estratégicos de todas las áreas de la empresa. En suma, si Florencia no tiene herramientas para aplicar y resolver los problemas que se le presentan en el ejercicio del liderazgo, empleará su criterio sin una guía que le permita:

- saber si ese criterio es el mejor para su trabajo y para la compañía;
- ayudarla a ser consistente en la manera de solucionar problemas análogos y
- actuar de manera similar a Federico, otro jefe de Costos del mismo *retail*, que atiende situaciones similares.

Recursos Humanos, como área, debe proveer a la convergencia de las formas de proceder de todos los miembros de la organización. Para eso, debe actuar de manera proactiva, investigando constantemente qué necesidades tiene la gente, qué sucede en el mercado, quién necesita ayuda. Al igual que la organización en su conjunto, Recursos Humanos debe estar atenta a las ventanas de oportunidad y a la mitigación de las amenazas, enriqueciendo y multiplicando las fortalezas, y combatiendo las debilidades. Por lo demás, vale la pena recordar algo que la experiencia nos ha confirmado una y mil veces: la herramienta de gestión de Recursos Humanos más elaborada, en manos de un incompetente, no garantiza el éxito; pero la práctica más simple, utilizada por un líder capacitado, muy probablemente produzca el efecto deseado.

Equilibrio interno y mercado

Para cerrar estos capítulos dedicados a las coordenadas de contexto y estrategia, quisiéramos reflexionar acerca de un tema de discusión permanente en todas las organizaciones: si es más importante el equilibrio interno de sueldos o la competitividad externa de la compañía.

Muchas personas piensan que igualdad es sinónimo de justicia, y que nivelar los salarios entre empleados con similares responsabilidades constituye un acto de equidad. Sin dudas, el principio de igual remuneración por igual tarea dentro de un esquema fordista, por ejemplo, significó, en su momento, un progreso importante porque permitió evitar la discrecionalidad entre trabajadores fundada en prácticas discriminatorias moralmente reprochables (por sexo, etnia, nacionalidad, etcétera). Claro que esquemas como el mencionado no solo despreciaban el valor agregado por la singularidad de cada individuo: sencillamente, buscaban reducirla al mínimo, estandarizando su intervención hasta convertir al sujeto en casi un engranaje más, calibrado de acuerdo con la lógica del proceso productivo.

En la actualidad, cada vez asociamos menos la negación de las diferencias entre individualidades a una noción de justicia, lo cual nos devuelve a una pregunta que ya hemos planteado: cómo legitimar esas diferencias sin caer en la arbitrariedad de la distinción discrecional ni en la igualación demagógica.

Resulta innegable que la mayoría de los empleados se comparan con quienes más cerca tienen. Comparan sus salarios, pero también condiciones de trabajo tales como espacio y equipamiento asignado, funciones delegadas, horizontes de carrera y otras similares. Con frecuencia, la manera en que estos factores se cotejan y evalúan no es la correcta, y no solo por razones metodológicas (que las hay y muchas). Este juicio falla, principalmente, porque quien hace la comparación no abandona su posición de parte interesada y, por lo tanto, de lo que sabe, toma en cuenta lo que le conviene y lo que no, lo omite o subestima.

De todos modos, bien o mal hecha la comparación que hacen los miembros de una empresa es la que más visibilidad tiene, y sus resultados, cuando denuncian desequilibrios marcados, suelen generar una fuerte disconformidad o sensación de injusticia. Acerquemos tres ejemplos. El primero fue extraído de nuestra experiencia profesional.

Juan Carlos se había quedado sin trabajo. El mercado estaba en plena recesión, y no lograba conseguir empleo por más que se esforzaba. Por fin, una empresa del negocio del *retail* ante la que se había postulado lo convocó. Cuando la persona de la Oficina de Personal le explicó las condiciones de contratación y cuál sería la retribución, a Juan Carlos le parecieron muy poco atractivas. Pero él sabía que en la actividad se pagaban salarios bajos, y necesitaba el trabajo imperiosamente. Así que, sin oponer objeción, ingresó a la firma.

Quince días después, se enteró de manera casual que algunos compañeros de trabajo –quienes no eran profesionales y, a criterio de Juan Carlos, tenían una responsabilidad menor que la suya– percibían una remuneración sensiblemente mayor. La sensación de injusticia se apoderó de él. Aunque molesto, decidió conservar el empleo, pero continuó paralelamente buscando otro, y cuando lo consiguió cuatro meses después, renunció.

¿Qué ocurrió? Juan Carlos podía soportar una situación generalizada de sueldos bajos porque sabía que era un rasgo del *retail*. Lo que no podía aceptar era que la compañía lo ubicara entre los menos talentosos y eficientes: su orgullo profesional estaba en juego. La historia nos sugiere que, en el mundo corporativo, las diferencias de retribución pueden resultar más o menos incómodas, pero se vuelven francamente inaceptables cuando marcan un desequilibrio que no está respaldado por un criterio explícito y razonable de objetividad y ecuanimidad.

En 2009, el famoso jugador de fútbol Cristiano Ronaldo fue comprado por el Real Madrid en 94 millones de euros. El pase fue muy comentado porque tener un jugador del nivel de excelencia de Ronaldo le daba al club una superioridad que lo alejaba sensiblemente de sus competidores.

Por lo general, los jugadores perciben el 15% del valor del pase. Además, tienen condiciones de compensación específicas, entre otras, primas de ingreso, salario básico muy importante, aumentos preestablecidos, premios a la productividad (por goles y partidos ganados) y un plan de beneficios y servicios para él y su familia que dejarían helado a cualquier súper ejecutivo de Wall Street. A todo esto se suma –¡por supuesto!– los ingresos extraordinarios que el jugador puede llegar a obtener de la mano del marketing y las promociones especiales.

El Real Madrid pagó los 94 millones convencido de que Ronaldo devolvería al club la inversión con creces. El tiempo lo dirá. Por lo pronto, podemos preguntarnos quién determina el salario del jugador. ¿La compensación de Ronaldo habrá sido definida en forma proporcional a la percibida por la línea de defensores o por el arquero? Seguramente no. Sin embargo, ¿esto trae problemas dentro del equipo? Tampoco: nadie se queja de su remuneración porque Ronaldo es lo que es (un extraordinario futbolista), y jugar a su lado o hacerle un pase probablemente traiga buenos réditos para todo el equipo. ¿Algo similar sucede dentro de las organizaciones? ¿A sus "goleadores" se les tiene la misma complacencia? Parece que no.

Dado que el valor agregado por Ronaldo es tanto mayor que el de sus compañeros, el Real Madrid no necesita dar demasiadas explicaciones de por qué le paga tantísimo más. Pero en las empresas, la situación es distinta, porque las diferencias no son tan abismales. De todos modos, siempre hay que explicarlas. O, mejor dicho, legitimarlas. Y cuando la legitimación no llega, los problemas no tardan en aparecer.

El tercer y último ejemplo lo tomamos del negocio del espectáculo. ¿Cuánto cobra Tom Hanks por protagonizar una película? Mucho. ¿Cuánto más que el segundo actor mejor pago del elenco? Mucho también. ¿La razón? Sencilla: él tiene la suficiente fama como para convocar a un público numerosísimo, factor determinante para los productores. Por eso, Tom Hanks vale lo que cuesta. Y cuesta lo que vale. Una película protagonizada por él convoca a un 25% más de espectadores que la misma trama interpretada por otro actor con menos nombre. Hanks, Jolie, Willis… son productos muy escasos en el gran mercado del cine.

En el mundo corporativo, en cambio, los diferentes roles y las personas que los desarrollan no hacen la diferencia por sí solos. Es necesario considerar también el trabajo grupal, del conjunto, así como los recursos que la empresa aporta. Aquí no hay "Hanks" que, individualmente, puedan desequilibrar tan fuertemente la balanza. El valor agregado de este actor en la película *Náufrago*[6] no es el mismo que puede aportar por sí solo un gerente a una corporación. ¿Por qué? Porque él solo no puede aumentar un 25% la facturación. Veamos algún ejemplo.

Michael Eisner, *Chief Executive Officer* (CEO) de The Walt Disney Company entre 1984 y 2005, recibió en 1993 ocho millones de dólares como sueldo básico ¡Más otros 263 millones en concepto de *stock options* y apreciación de sus acciones! Por supuesto, él hizo ganar a Disney una fortuna increíble. Pero no lo hizo solo. Eisner es un gran líder a quien se le ocurrieron algunas ideas antes que a otros pero, desde nuestra visión, él no debió haber ganado ese dinero. Lo que sí hubiera sido más adecuado es que él y un nutrido equipo directivo recibieran y se repartieran, tal vez, 700 millones de dólares en compensación por el desempeño logrado por la compañía durante 1993.

---

[6] Film del año 2000 cuyo título original en inglés es *Cast Away*.

En el mundo corporativo, las personas que hacen la gran diferencia por sí mismas deberían buscarse seguramente entre los grandes científicos o inventores. En la industria farmacéutica, por ejemplo, la investigación es el gen que da lugar a cualquier otro desarrollo de producción o de marketing. Un científico como el argentino César Milstein, Premio Nobel de Medicina y Farmacología de 1984, marcó un antes y un después gracias a su contribución singular en el área de anticuerpos monoclonales. Pero ¿cuántos Milstein, cuántos descubrimientos o inventos originales, radicalmente revolucionarios, se realizan por año? Se cuentan con los dedos de las manos.

El aporte extraordinario, el valor agregado inimitable del genio artístico, deportivo o científico no tiene su equivalente en el mundo corporativo. Por eso, las diferencias de ganancias, de equilibrio interno, de competitividad no suceden de una manera tan marcada. Podemos tener dos analistas contables y que uno sea muy superior al otro en su desempeño. Pero ¿en cuánto puede traducirse esa superioridad? Con suerte, en un 8%; nunca en un 600%. Las personas buscan en las organizaciones satisfacer necesidades de diversa índole (de salario, de autoestima, de reconocimiento, de filiación, etcétera). Todas las formas de satisfacción que hallan integran su compensación. Sin embargo, las organizaciones solo pagan a su gente para obtener de ellas tres clases de cosas: conocimiento, desempeño y resultados. Pocas personas, si es que alguna lo hace, logran contribuir individualmente en alguno de esos tres aspectos por encima del rango de remuneraciones previsto para una posición.

Pasemos ahora a las diferencias provocadas por la competitividad externa de la compañía. En la Argentina, durante la década de 1990, los procesos industriales se desaceleraron y desactivaron, especialmente en la industria pesada metalúrgica y en la automotriz. La producción de autos cayó de manera sostenida, y la industria expulsó mano de obra calificada de todos los niveles: gerentes, supervisores, técnicos y operarios. El aumento del desempleo que esto trajo aparejado y sus consecuencias sociales fueron dramáticos. Muchos técnicos se ocuparon en otras actividades y, con el tiempo, se desactualizaron y perdieron algunas de sus habilidades.

En 2002, la devaluación de la moneda argentina, el incremento sostenido de la demanda internacional y otros factores funcionaron como viento de cola para la economía nacional. Entre otras consecuencias, las fábricas retomaron rápidamente sus anteriores niveles de actividad, duplicando y hasta triplicando los turnos de producción. Para esto, las automotrices –como otras industrias– salieron a buscar operarios, técnicos y profesionales pero el mercado no los había desarrollado. Las escuelas técnicas, por ejemplo, habían dejado de formar especialistas porque sus servicios no eran requeridos y, dado que formar un técnico lleva años –por lo menos, cinco–, la situación no era fácil de revertir.

¿Qué hicieron las empresas? En primer lugar y de manera inmediata, subieron la apuesta. Pagaron más. Mucho más por el personal capacitado. Ofrecían primas por ingresar a la compañía, así como sueldos y beneficios que quizás rompieran el equilibrio interno de las remuneraciones. Pero no les importaba: las líneas de producción debían ponerse en marcha y necesitaban personal. Necesitaban contratar, aunque eso significara pagar salarios de "Ronaldos".

En este contexto, tuvimos ocasión de conversar con el director general de una empresa automotriz líder. Su decisión era clara y firme: *"Conseguimos que la Casa Matriz nos apruebe la fabricación de un vehículo. Tenemos el capital para hacerlo y el mercado para venderlo. Todas las condiciones están dadas. No queremos que haya problemas de recursos humanos para llevar esto a cabo".*

Cuando determina ganar o perder, entrar y permanecer en un mercado, atraer, retener y motivar al talento, este se convierte en una pieza clave de la estrategia de la compañía. En estos casos, el equilibrio interno cede su lugar al mercado. Es entonces cuando la oferta y la demanda, sin más, fijan los niveles de retribución.

Puesto, talento y compensación

¿Debemos atraer y retener a todo el personal? No. Solo al talento necesario. ¿Qué lo define como necesario o superfluo? La estrategia del negocio. Luego, como especialistas en Recursos Humanos, nuestra misión es:

- identificar las necesidades de talento de nuestra compañía;
- atraerlo mediante una retribución diseñada de acuerdo con el concepto de "compensación total"[7] y
- retribuirlo de manera adecuada, aunque pueda resultar excesiva comparada con la del "no talento".

¿Tiempo? ¿Esfuerzo? ¿Dedicación? ¿Estudios? ¿Experiencia? Qué paga una compensación constituye una pregunta con diversas respuestas, algunas de las cuales se excluyen, complementan o solapan. Todo depende del enfoque que se adopte. Por nuestra parte, consideramos indispensable tener en cuenta tres factores principales: el puesto, el talento y el tiempo (corto, mediano y largo plazo) en que ese vínculo se piensa y se despliega.

Para caracterizar el talento, recurriremos al concepto de competencias, entendiendo por tales las habilidades y

---

[7] Está conformada por la suma del salario básico y los beneficios, ya sean en metálico o en especie.

los conocimientos que las personas tienen y aplican al desempeñar un cargo en un contexto determinado. En el siguiente gráfico, representamos con un rectángulo los requerimientos del puesto y con un círculo rayado, las competencias de la persona que lo ocupa (Figura 4).

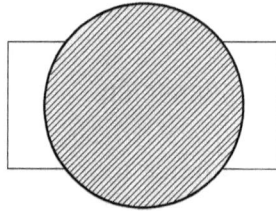

Figura 4

La elección de las figuras no es antojadiza: queremos indicar que, por definición, los límites del puesto nunca coincidirán plenamente con las competencias del empleado, y viceversa. Por lo general, a la hora de establecer las remuneraciones, las compañías ponen el énfasis en las competencias de las personas sin reparar demasiado en su utilización efectiva en la posición. Desde el punto de vista de la gestión de los recursos humanos, esta situación pone en evidencia dos posibles problemas. Por una parte, que los empleados podrían estar evitando poner al servicio de la empresa competencias que agregarían valor (y por las que se podría estar pagando). Por otra, que la organización no está asignando de manera sostenida funciones acordes con las competencias de las personas (por las que –insistimos– se podría estar pagando).

En vista de esto, analizaremos las preguntas que plantean algunas relaciones típicas entre las funciones del puesto y las competencias a fin de colaborar con:

- la detección de fortalezas, debilidades y oportunidades de mejora, tanto en el mercado como en la organización;

- la identificación de competencias blandas y duras, y
- el diseño de estrategias de optimización de la relación entre competencias y funciones del puesto, incluyendo la estimación de la viabilidad, así como del costo, el tiempo y la oportunidad del proceso.

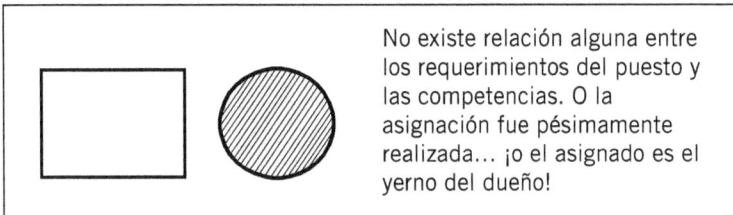

No existe relación alguna entre los requerimientos del puesto y las competencias. O la asignación fue pésimamente realizada... ¡o el asignado es el yerno del dueño!

Figura 5

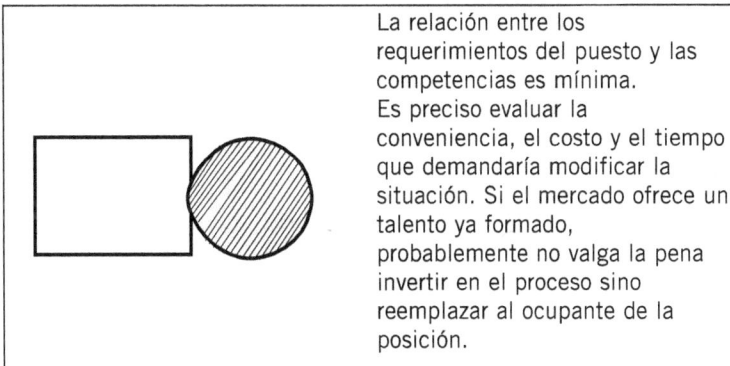

La relación entre los requerimientos del puesto y las competencias es mínima.
Es preciso evaluar la conveniencia, el costo y el tiempo que demandaría modificar la situación. Si el mercado ofrece un talento ya formado, probablemente no valga la pena invertir en el proceso sino reemplazar al ocupante de la posición.

Figura 6

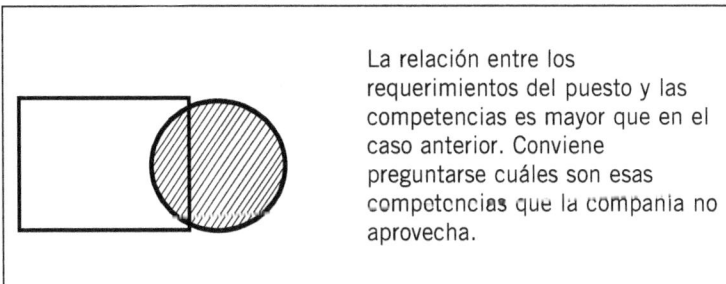

La relación entre los requerimientos del puesto y las competencias es mayor que en el caso anterior. Conviene preguntarse cuáles son esas competencias que la compañía no aprovecha.

Figura 7

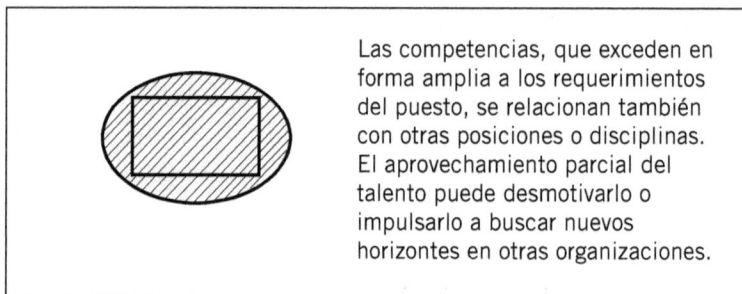

Las competencias, que exceden en forma amplia a los requerimientos del puesto, se relacionan también con otras posiciones o disciplinas. El aprovechamiento parcial del talento puede desmotivarlo o impulsarlo a buscar nuevos horizontes en otras organizaciones.

Figura 8

A modo de síntesis

La excelencia de la organización descansa sobre su capital humano, y los recursos humanos solo adquieren carácter de talento cuando trabajan en un medio de excelencia. Si no se comprende esta interdependencia, resulta poco probable que se alcance alguna visión.

El talento es la condición de posibilidad de cualquier ventaja competitiva. Para que esa potencia se torne en acto, necesita de una organización capaz de encender su chispa y de mantenerla encendida. Las remuneraciones, entre otros instrumentos, constituyen un dispositivo privilegiado para atraer, retener y motivar de la manera adecuada a las personas que hacen la diferencia. Pero no el único. Si bien el dinero es protagonista indiscutible del contrato laboral, los salarios deben definirse y gestionarse en su interrelación con los programas de crecimiento, el diseño de las posiciones, la creación de ambientes y equipos de trabajo estimulantes, y un liderazgo comprometido e inspirador.

Dado que las remuneraciones impactan sobre la competitividad, las organizaciones deben tener bien clara la contribución de sus miembros a fin de recompensarla proporcionalmente. Por otro lado, esa misma claridad debe ser-

vir para que las personas reconozcan que las decisiones salariales –con las que pueden estar o no conformes– no son
el fruto de un capricho.

Las organizaciones pagan por conocimiento, desempeño y resultados. Con este concepto en mente, los especialistas en Recursos Humanos deben proveer a los líderes
con herramientas de uso sencillo para atraer y retener al
talento necesario, es decir, al que demanda la estrategia
del negocio.

SEGUNDA PARTE

LAS HERRAMIENTAS

Hasta ahora, hemos visto aspectos del contexto y la estrategia que se vinculan con la legitimación de las diferencias salariales, lo cual, quizás, sea el tema más relevante en materia de compensaciones, así como el eje central de una administración sana de salarios en cualquier organización.

Señalamos a las compensaciones como elemento de retribución entre dos partes que realizan un intercambio. Como realidad o expectativa, la compensación está presente en casi todas las relaciones interpersonales y no solo en las laborales. No obstante, este libro se enfoca en las compensaciones que se acuerdan y efectivizan dentro del mundo corporativo, donde adquieren un carácter más formal y un horizonte temporal más largo.

La legitimación de las diferencias salariales obliga a considerar la importancia de tomar en cuenta el peso de la subjetividad en el funcionamiento de las empresas. Desde luego, no creemos que esto ocurra exclusivamente con la remuneración o con los asuntos que ocupan al área de Recursos Humanos. Pero allí –convengamos– la incidencia de la vivencia subjetiva se vuelve más crítica que cuando se trabaja sobre la contabilidad de la organización, los sistemas informáticos u otras especialidades similares en que la voz del profesional se considera "respaldada" por una "objetividad" garantizada por disciplinas técnicas o científicas duras.

Cuanto más "blanda" o *soft* es el área –es decir, menos recortable y mensurable el objeto con que trabaja–, más opinables, subjetivas y hasta arbitrarias y discrecionales se consideran sus decisiones y acciones consecuentes. Es común que en las empresas, por ejemplo, todos opinen sobre lo que hace Marketing (si tal o cual producto debería tener un color o un precio diferentes). Algo similar, curiosamente, ocurre con Recursos Humanos: es muy difícil encontrar una organización en que la mayoría de sus integrantes no se sientan autorizados para evaluar y expedirse sobre los ascensos, las incorporaciones o las desvinculaciones. Tal vez esta tendencia al juicio sea simplemente una característica humana. Pero si vamos a ocuparnos de las compensaciones, resulta necesario explicitarla y tenerla en cuenta para hacer bien nuestro trabajo.

La subjetividad contamina y tiñe cada una de las decisiones que toman las personas encargadas de fijar las compensaciones. Por esta razón, los líderes y los especialistas en Recursos Humanos debemos diseñar y aplicar herramientas que, de alguna manera, reduzcan tanto como sea posible los ingredientes subjetivos que pudieran estar implicados a fin de brindar un buen servicio a su destinatario: el cliente interno.

Al diseñar los bienes y servicios que una empresa comercializa, los responsables deben prepararse siempre para responder a la pregunta clave del cliente: ¿por qué él debería comprar su producto y no el de la competencia? Un esquema de trabajo similar debemos aplicar a la hora de atender al cliente interno: prepararnos para responder a su demanda de porqués. Por qué se lo encuadró en la categoría 3, por qué la descripción de los puestos se realiza de tal o cual forma, por qué se otorgó un ajuste salarial del 14% y no del 18%, y tantos otros. Todos esos pedidos de explicación intentan comprender y/o cuestionar las prácticas organizacionales o, por lo menos, conseguir algo a cambio para quien los plantea. Sabemos que nunca lograremos dar una respuesta que deje satisfechos a todos y cada uno de los clientes internos. Pero, como profesionales del área de Recursos Humanos, constituye nuestra responsabilidad llevar adelante la gestión de manera profesional a fin de reducir a su mínima expresión la carga subjetiva que pueda incidir sobre las prácticas adoptadas y, en particular, sobre las decisiones vinculadas con la compensación del trabajo. Las herramientas que presentamos en los siguientes capítulos buscan alcanzar ese propósito.

El camino hacia la legitimación de las diferencias salariales comienza por la descripción de puestos, una herramienta particularmente útil, por ejemplo, a la hora de explicar a quien se está comparando con otro miembro de la empresa el porqué de que el monto de su remuneración sea superior, igual o menor.

CAPÍTULO III

DESCRIPCIÓN
DE PUESTOS

Imaginemos la siguiente situación. La secretaria de un director de la firma se queja porque un comprador *senior* gana más que ella a pesar de que ella tiene muchos más años de antigüedad en la empresa que él y maneja información confidencial. A su criterio, ella debería ganar más que el comprador estrella.

Mientras hace su planteo, la secretaria piensa en todo aquello que se vincula con su responsabilidad (información que se le confía, personas con las que se relaciona por su tarea, responsabilidad con que asume sus funciones, elogios y reconocimientos recibidos del director, etcétera). Tal vez conozca vagamente los requerimientos que la posición demanda al comprador estrella, como formación profesional, manejo responsable a través de sus decisiones de grandes sumas de dinero, habilidades interpersonales y, lo más importante, es posible que la secretaria omita considerar (no de manera malintencionada, sino solo porque no lo sabe) que las recomendaciones y/o decisiones del comprador *senior* impactan con mucha fuerza sobre la economía de la compañía. En este cuadro, ella reclama para sí un aumento, pues se ha enterado (no importa el modo) de la diferencia existente entre su remuneración y la del empleado con quien ha decidido compararse.

Si sentásemos a estas dos personas frente a frente e intentáramos fijar sus salarios o compensaciones generales solo tomando en cuenta cómo es cada una, ellas influirían sobre nosotros de tal manera que lo único que podríamos garantizar respecto de la decisión es que no sería imparcial. Para evitar esto, necesitamos herramientas eficaces, que vuelvan las decisiones coherentes con el negocio y no con la subjetividad de quien o quienes deben resolver sobre el tema. O, dicho de otro modo, herramientas que nos centren en el rol que desempeñamos antes que en nuestras preferencias personales.

Una práctica clave para reducir la carga subjetiva es la descripción de puestos. La tarea comienza con el análisis y el detalle de las funciones y las responsabilidades más importantes que desempeña cada persona. Continúa con la elaboración de una escala para administrarlas de manera sencilla, y con su medición y comparación con el mercado.

Entonces sí, con todos esos elementos, podemos sentarnos a conversar con la secretaria del director y hablar de las diferencias salariales dando una respuesta más profesional. El camino, quizás, nos lleve a negociar un aumento idéntico al que hubiéramos dado apenas recibimos la inquietud, ya que las herramientas podrían demostrarnos que la secretaria debe ganar más. O no. Pero, en ambos casos, la diferencia –la enorme diferencia– es que ahora lo sabemos con rigor y objetividad.

Descripción de puestos

Es la identificación y el registro escrito de la información relativa al objetivo, el contenido y los requerimientos de un puesto. La descripción habla siempre de la posición y nunca (al menos por ahora) de quien la ocupa, aun cuando entrevistar a quien se esté desempeñando en el puesto bajo estudio pueda brindarnos información muy valiosa para elaborarla.

¿Qué analiza una descripción de puesto? Imaginémonos dos pirámides, cada una representando un puesto diferente, divididas en tres segmentos (Figura 9). El gráfico nos facilitará comparar dos posiciones, como la de un jefe de Caja y la de un jefe de Planeamiento y Control Presupuestario. Lo primero que debemos establecer es el nombre del puesto. Este tiene que ser lo suficientemente claro como para identificar rápidamente de qué estamos hablando. Así, "jefe de Caja" es un buen nombre, porque brinda mucha información acerca de la posición, indicando, por ejemplo, que hay gente a cargo y, por lo tanto, que debe contemplarse en los programas de liderazgo; que maneja dinero, lo que demanda evaluaciones técnicas y éticas; y que hay alguien a quien reporta (porque no es gerente ni director). Nótese cómo a partir del nombre del puesto podríamos comenzar a delinear el organigrama.

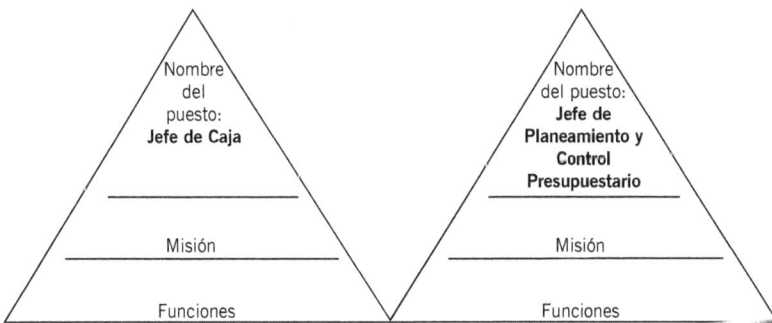

Figura 9

La pirámide de la derecha representa el puesto de un jefe de Planeamiento y Control Presupuestario. Del nombre podemos inferir que tal vez no maneje dinero, pero sí que tiene gente bajo su mando y a su vez informa (como el de Caja) a un gerente o director. Como pertenecen a la misma organización, seguramente ambos se encuentren bajo la órbita del director o gerente de Administración y Finanzas.

Hasta aquí, todo es muy claro. No hay malos entendidos. Pero esta información no alcanza todavía para establecer cuánto se le pagará a las personas que ocupen esas posiciones. Ni siquiera, para saber si el paquete de retribución será el mismo.

Cuando planteamos en nuestras clases esta situación, preguntamos a los alumnos cuál de los dos puestos creen que debería ganar más. La mayoría se inclina por el de jefe de Planeamiento y Control Presupuestario. Otros, en cambio, pensando en organizaciones donde las cobranzas constituyen un tema crítico, señalan la posición del jefe de Caja. Sin embargo, con el nombre, nadie puede establecer todavía cuánto más importante es un puesto con respecto al otro, ni –concretamente– cuánto más debe pagarse a uno que al otro. Esta es la razón por la que comparar salarios a partir del nombre es casi tan inapropiado como hacerlo según las personas.[1] No sirve para legitimar diferencias salariales. Para acercarnos a la legitimación, debemos analizar la misión de cada puesto, sus objetivos.

La misión expresa, en forma sintética, el motivo, el objetivo por el cual existe el puesto en la organización. Debe permitir:

- una identificación rápida del nivel de la posición,
- diferenciarla respecto del puesto al que reporta y
- distinguirla respecto de los puestos que reportan a ella.

---

[1] Volveremos sobre esto en el capítulo dedicado a la evaluación de puestos.

Supongamos que tuviésemos que elaborar la misión del jefe de Caja. Podría ser: *responsable de la administración de las cajas de la compañía, operadas por tres cajeros, así como de la rendición diaria, semanal y mensual de los movimientos.* Para la misión del jefe de Planeamiento y Control Presupuestario, *responsable por la elaboración del plan, así como del seguimiento y control posteriores de su implementación.* En ambos casos, y en todos, la misión debe sintetizarse en un enunciado breve –"tres renglones" como máximo–, que proporcione más información que el nombre del puesto. No obstante, la misión tampoco permite identificar cabalmente las diferencias entre un puesto y otro que puedan justificar la variación de compensación, salario, beneficios o similar. Para eso, debemos apelar a un tercer nivel de análisis: el de las funciones.

Las funciones hablan del contenido de la posición. Esto implica que no incluyen comisiones excepcionales, sino solo aquellas que dan entidad a la misión y nombre al puesto.

El enunciado de las funciones podría explicarse en una o dos carillas de información redactada mediante frases cortas, que se inician con un verbo en infinitivo, vinculadas a las tareas (Figura 10). En el caso del jefe de Caja, por ejemplo, las frases no refieren a las acciones diarias, sino a las funciones relacionadas con las registraciones, el control y las demás obligaciones vinculadas. Es importante tener en cuenta que el texto que describe las funciones debe ser sencillo, pensado principalmente para que resulte comprensible a la persona que desempeña o desempeñará la posición: el cliente interno.

Una vez identificadas las funciones, debe analizarse cuáles son los requerimientos del puesto, esto es, las características y las competencias que deben demandarse a la persona que ocupe la posición: estudios, experiencia, idiomas, rasgos actitudinales y comportamentales vinculados con el rol, y similares. Cada posición suele presentar requerimientos más o menos específicos, aunque no siempre estén cubiertos. Puede suceder que el individuo que hoy se desempeña como jefe de Caja no reúna todos los requerimientos del puesto. Pero haberlos explicitado permite contar con la descripción de la persona ideal para ocupar cada posición, una herramienta de extraordinaria utilidad cuando deba buscarse un reemplazo dentro o fuera de la organización, o decidirse qué capacitación brindaremos al actual jefe.

DESCRIPCIÓN DE PUESTOS: OBJETIVOS
(ejemplos de dos estilos de redacción)

- Dirigir las actividades productivas de la planta con el propósito de garantizar el cumplimiento de los programas de producción en la cantidad, la calidad y los costos previstos.

- Responsable por la recepción, el despacho y el almacenamiento de mercaderías, cumpliendo con el abastecimiento programado.

Figura 10

Un tema que se vincula con el puesto –pero que debido a los objetivos del presente libro no trataremos aquí– es la gestión del desempeño. Cuestiones tales como cuánto esfuerzo pone un individuo al servicio de su misión, cuánta confianza merece, cuánto compromiso demuestra y otros similares señalan una dimensión que remite a las responsabilidades y libertades, atribuidas al ocupante de un puesto, medidas desde un ángulo diferente del de la descripción. Por ejemplo, el jefe de Caja maneja cierta información y mantiene un vínculo con los bancos. ¿De qué tipo? ¿Con qué alcance? Como no es un tesorero, el jefe de Caja no decide cómo se aplican los fondos, pero accede a conocer los saldos bancarios minuto a minuto. Definir que un cajero maneja un cierre diario de 20.000 pesos, mientras que otro de apenas

5.000, por ejemplo, es una de las formas de definir un parámetro de su responsabilidad –de uso bastante extendido– que permite comparar las posiciones. La cantidad y calificaciones de la gente a cargo es otro indicador muy aplicado también. Podría ocurrir que, en una misma compañía, el gerente de Sistemas tenga a su cargo 25 personas, igual que el gerente de Producción. Pero mientras que al primero reportan 25 analistas, al segundo lo hacen 22 operarios a través de 3 supervisores, y eso implica distintas responsabilidades. La gestión de desempeño apunta a establecer cómo se desempeñan esas responsabilidades.[2]

En suma, la descripción del puesto implica definir el nombre, la misión y las funciones de la posición, así como las características de la persona ideal para cubrirla (Figura 11). A la hora de redactarla, conviene que tanto el nombre del puesto como las funciones sean descriptos con la mayor claridad posible, aun cuando esto implique sacrificar la estética. Así, es preferible que se repita siete veces el verbo "supervisar" para describir las funciones de un supervisor antes que recurrir a sinónimos que –aunque puedan mejorar el "estilo literario"– se presten a confusión en cuanto a las tareas que desarrolla.

DESCRIPCIÓN DE PUESTOS: FUNCIONES
(ejemplos de redacción)

- Responsable por el reciclado de unidades deterioradas en el menor tiempo y costo posibles para su presentación en remates.

- Suministrar soporte técnico *soft* y *hard* de los sistemas gráficos a los distintos sectores de Ingeniería de la empresa para su normal desarrollo.

- Identificar nuevas oportunidades de mercado a fin de asegurar la rentabilidad de las operaciones comerciales de la compañía.

Figura 11

---

[2] Un tema que abordaremos próximamente en otro libro.

Lo importante e irrenunciable es que, cuando la descripción es leída, pueda comprenderse de modo inequívoco de qué puesto se está hablando. En particular, debe asegurarse de que la redacción de la descripción resulte absolutamente accesible para la persona que desempeña o desempeñará la posición, es decir, para el cliente interno, porque las herramientas que facilita el área de Recursos Humanos no deben estar pensadas prioritariamente para nuestros pares o jefes, sino para los públicos a los que debemos servir. Por eso, deben ser sencillas, fáciles de entender y usar.

Aplicaciones de la herramienta

¿Para qué sirve una descripción de puestos? Para muchas cosas, no solo para hacer un plan de compensaciones o de administración de salarios.

Es útil, por ejemplo, para hacer reclutamiento y selección, ya que a partir de las funciones, el contenido y los requerimientos de los puestos podemos identificar cuáles son los perfiles (estudios, experiencia, idiomas, etcétera) que se necesitan, y encarar un reclutamiento interno o externo. Una utilidad similar prestan al diseño de la capacitación, al desarrollo y al trazado de los planes de carrera (Figura 12).

Cuando comparamos los requerimientos de cada puesto con las características de las personas reales que encontramos en la organización o en el mercado, podemos identificar una diferencia, una brecha o *gap* entre unas y otras que, con frecuencia, pueden cubrirse mediante la capacitación, el desarrollo y el plan de carrera. Si bien la situación ideal es que los perfiles actuales (los de las personas concretas con que contamos) cubran íntegramente los perfiles requeridos, eso no ocurre en la mayoría de los casos.

Por lo general, existen características que sobran o faltan en los candidatos y es responsabilidad del área de Recursos Humanos y/o de los líderes de la compañía identificar las brechas, y trabajarlas a través de programas específicos.

DESCRIPCIÓN DE PUESTOS
APLICACIÓN DE LA HERRAMIENTA

Reclutamiento y selección

Evaluación de puestos

Planes de carrera

Plan de remuneraciones

¿Para qué puede utilizarse?

Desarrollo

Administración salarial

Capacitación

Análisis de organigramas

Figura 12

La descripción de puestos es útil también para la reconstrucción del organigrama. Lo dicho puede parecer curioso, pero no lo es tanto. La descripción de puestos obliga a identificar quiénes deben reportar a cada posición, y a quién debe reportar cada posición. En nuestra práctica profesional, más de una vez nos encontramos con la siguiente situación:

Al consultar a Francisco para hacer la descripción de su puesto, él nos dice –entre muchas otras cosas– que su jefe es Lisandro. Tomamos nota. Al entrevistarnos con Lisandro, menciona varios subordinados, pero no incluye los de Francisco. Esto ocurre en muchas empresas, aun en las organi-

89

zadas más formalmente. Por eso, una ventaja adicional de las descripciones de puestos es que obliga a reconstruir el organigrama y, como consecuencia, se vuelven más claras las relaciones funcionales y jerárquicas.

No olvidamos que iniciamos este capítulo hablando de legitimar las diferencias salariales. Al respecto, la descripción de puestos representa un instrumento clave, ya que sienta las bases de la evaluación de la posición que se está remunerando. Más adelante ensayaremos algún sistema de comparación de puestos y de identificación de criterios para que cada compañía los evalúe y valúe lo más objetivamente posible. Nuestro propósito es contribuir con una herramienta que facilite responder con la mayor solidez y ecuanimidad al "por qué" del cliente interno.

Algunas consideraciones metodológicas

Antes de explicar los métodos que podemos emplear para elaborar una descripción de puestos que nos sirva como herramienta de gestión de los recursos humanos –incluida la legitimación de las diferencias salariales–, conviene formular dos consideraciones metodológicas muy importantes:

- la información que debe relevarse corresponde siempre al puesto y no a la persona que lo ocupa, aunque esta constituya una fuente privilegiada para obtenerla, y
- la descripción del puesto solo debe incluir las funciones de la posición y no las tareas.

Como veremos enseguida, ambas consideraciones se encuentran estrechamente relacionadas.

En el análisis de un puesto, pueden distinguirse dos niveles: uno más genérico que se enfoca en las funciones, y otro más específico que se centra en las tareas. Mientras que la descripción de funciones responde a la pregunta "qué se hace", la descripción de tareas explica "cómo se hace", es decir, los procedimientos técnicos que elige cada persona para cumplir con su función. En rigor, podríamos dedicar un capítulo completo a las diferencias entre funciones y tareas, pero semejante grado de detalle excedería nuestros propósitos.

Por ejemplo, una secretaria tiene entre sus funciones recibir y comunicar los mensajes telefónicos dirigidos a su jefe. Esto debe figurar en la descripción del puesto, pero no cómo lo hace ("escribe en un cuaderno una síntesis del mensaje y tacha el texto una vez que lo comunicó a su jefe"). Por lo tanto, dado que la secretaria del director de Marketing y la del director de Recursos Humanos desempeñan puestos que tienen el mismo nombre ("secretaria de director"), la misma misión ("asistir al director en tareas propias de secretaría"), y las mismas funciones ("gestionar la agenda", "gestionar los mensajes", etcétera) a la hora de evaluar sus posiciones adjudicaremos a sus puestos (no a ellas) el mismo peso específico sin importar para cuál de los directores se haga el trabajo. Cada secretaria tendrá su manera personal de desempeñarse, pero para todas valdrán los mismos requerimientos: ser bilingües, dominar ciertas herramientas informáticas, tener disponibilidad de horarios, etcétera. Para cubrir un mismo puesto, las personas nunca van a ser iguales. Los requerimientos, sí.

Si estamos relevando las posiciones de una organización o tratando de legitimar diferencias salariales, detenernos en las tareas no agrega más que confusión: ¿qué sentido tendría en una empresa de 600 empleados investigar la forma personal en que cada uno de ellos hace su trabajo? Para quienes no están acostumbrados a realizar descripciones de puestos, la diferencia entre funciones y tareas puede parecer demasiado sofisticada, pero estamos seguros de que el lector ya está comprendiendo su relevancia.

Cuanto mayor es el grado de autonomía de una posición, más diferencias hallaremos en las tareas que realizan quienes las desempeñan, sobre todo si se trata de posiciones que no están involucradas en procesos operativos o de producción. No obstante, desde el área de Recursos Humanos, debemos generar un sistema aplicable a cualquier posición que simplifique la administración salarial. Así, para una empresa con una plantilla de 500 miembros, es probable que 120 descripciones de puestos agoten las funciones que se desenvuelven y, por lo tanto, alcancen para diseñar un sistema de remuneraciones consistente para todos.

Métodos de relevamiento

¿Cómo consigue el analista la información necesaria para elaborar las descripciones de puestos? Existen cuatro métodos principales: observación, cuestionario, entrevista y la combinación de estos tres.

- **Observación.** El analista se limita a observar a quien desempeña el puesto bajo estudio, sin interrogarlo ni establecer ninguna clase de interacción deliberada, a fin de conocer cómo se realiza el trabajo. La observación –enseguida veremos por qué– conviene que sea llevada a cabo por alguien cercano a la posición. Así, el jefe de Compras observa al comprador; el director de Marketing, a su asistente; el supervisor de Atención al Cliente, a los operadores; etcétera.
  Como método, la observación ofrece ventajas y desventajas. Entre las primeras, se cuenta el permitirnos conocer el marco de desempeño. Por ejemplo, una buena descripción del puesto de peón de boca de pozo petrolero exige observar el lugar y las condi-

ciones, esto es, el ambiente donde se trabaja: por lo general, lejos de cualquier ciudad, en un entorno geográfico hostil, realizando tareas que involucran un riesgo eventual pero cierto. Sin embargo, así como en el caso del peón puede aportar mucho, en otros, su contribución es marginal. ¿Cuánto podríamos saber acerca de las diferencias en importancia entre un jefe de Caja y uno de Planeamiento y Control Presupuestario con solo observarlos?

Con respecto a las desventajas, conviene subrayar dos. La primera es que la sola presencia del observador modifica la conducta del observado: difícilmente conserve su espontaneidad. Por eso, conviene que el observador sea alguien que ya esté "incorporado al paisaje" del observado, por ejemplo, su jefe directo. La segunda, que algunas funciones demandan mucho tiempo de observación. De todos modos, existen funciones complejas (análisis de proyectos, diseños de procesos y similares) de las que podríamos averiguar muy poco aunque les dedicáramos períodos prolongados de observación.

- **Cuestionario.** Se aplica cuando un líder, un consultor o quien sea designado para poner en marcha la práctica de descripción de puestos, elabora un conjunto amplio de preguntas y lo envía a los empleados para que lo respondan. La peculiaridad de este método reside en que no hay diálogo ni *feedback* alguno entre el interrogador y el interrogado.

Una ventaja del cuestionario es que el uso de un formulario otorga rapidez para su administración: tres, cuatro o cinco carillas (incluidas preguntas y espacios de respuesta) pueden enviarse en un instante mediante correo electrónico a cientos de empleados.

Entre las desventajas, sobresale el desconocimiento de la calidad de la información relevada. Quizás una persona tímida escriba poco o no le interese hacerlo, mientras que una extravertida redacte más y hasta se esmere por multiplicar los espacios de su formulario donde expresarse. Con un tipo de respuesta y otro, ¿cómo podemos identificar a ciencia cierta las características más importantes del puesto?

Otro elemento negativo es el diseño cerrado del formulario. Aunque se incluyan muchas preguntas, se corre siempre el riesgo de no contemplar aspectos relevantes del puesto que no son conocidos *a priori* por el diseñador. En consecuencia, esto podría provocar que no se interrogue sobre temas importantes. Por último, trabajar con un cuestionario puede provocar que el tiempo que ganamos al principio con su envío lo perdamos decodificando la información obtenida. Algunas organizaciones trabajan con *softwares* que vinculan formularios preestablecidos con un sistema de valoración. De esta manera, al mismo tiempo que se despacha el formulario, el *software* establece automáticamente cuánto vale para la compañía el puesto hacia el que va dirigido. En nuestra opinión, el uso de este método en América Latina, donde las relaciones cara a cara continúan siendo muy importantes, provoca la pérdida de cierta información acerca de los ocupantes de los puestos que puede ser muy interesante para la descripción del perfil.

- **Entrevista.** Se realiza entre un analista, un consultor o un líder, y el ocupante del puesto. La principal ventaja que ofrece consiste en permitir conocer mediante un testimonio de primera mano las particularidades del puesto. Sin embargo, este método encierra un peligro eventual porque si el entrevistador no tiene la experiencia y/o la capacidad para dirigir la entrevista, ni un formulario que lo pueda guiar, el diálogo puede desviarse hacia temas irrelevantes o impertinentes, convirtiendo el procedimiento en una pérdida de tiempo.

Por lo general, las entrevistas generan dos clases de expectativas en quien debe responder. Una es la posibilidad de ser despedido, sobre todo cuando la empresa está atravesando una circunstancia difícil. La otra, el otorgamiento de un aumento de sueldo. Conviene saberlo, tomarlo en cuenta y despejar estas suposiciones tan temprano como podamos.

- **Métodos combinados.** Pueden adoptar diferentes formas. Por ejemplo, un entrevistador que, con un cuestionario sencillo y corto, diseñado a medida, realiza una entrevista de entre 30 y 40 minutos a cada empleado en su lugar de trabajo. Así, además de recoger la información pautada en el formulario, el analista puede ver qué hace el entrevistado, bajo qué condiciones y cuáles son los elementos del entorno que influyen sobre el desarrollo de las funciones.

Entrevistas, un método privilegiado

Si bien cada método ofrece sus propias ventajas, nos detendremos en la entrevista por su eficacia especial para la descripción de puestos. Como cualquier otra clase de reunión entre dos personas, las entrevistas se desarrollan en tres partes: introducción, desarrollo y cierre (Figura 13).

El objetivo principal de la introducción es reducir las barreras que se interpongan a una comunicación fluida. Incluye las presentaciones (del entrevistador y el entrevistado), así como una explicación del propósito de las descripciones de puesto.

La segunda parte del encuentro, la más prolongada, corresponde al desarrollo del relevamiento de información propiamente dicho. Habitualmente, el entrevistador se ayuda con un formulario o punteo a fin de asegurarse barrer todos los temas necesarios.

La tercera parte está dedicada a las conclusiones, a compartir con el entrevistado lo que el entrevistador ha registrado. Llegados a este punto, muchas veces la persona entrevistada decide realizar algunos cambios, precisiones, agregados o correcciones a lo que dijo.

Conviene preparar las entrevistas con anticipación, asegurarse que puedan realizarse en un tiempo de entre 30 y 40 minutos, y adelantar al entrevistado cuáles son los temas que se tratarán. Estas previsiones, además de facilitar el trabajo al entrevistador, favorecen al entrevistado, quien podrá disponerse adecuadamente para el encuentro.

DESCRIPCIÓN DE PUESTOS: ENTREVISTAS

El entrevistador **debe intentar**	El entrevistador **debe evitar**:
• Conseguir que el entrevistado se sienta cómodo, tratándolo con naturalidad y sencillez.	• Asumir actitudes de superioridad o impaciencia que perturben al entrevistado.
• Tomar nota de todos los datos interesantes que aporte el ocupante del puesto.	• Generar discusiones sobre temas salariales.
• Emplear la terminología técnica de las tareas que se analizan solo cuando se dominan esos conceptos.	• Convertir la entrevista en una sesión de asistencia psicológica.
• Formular preguntas claras y concretas, que orienten hacia una respuesta precisa.	• Dejarse influir a la hora de analizar el puesto por sus opiniones personales o las de otros respecto de la persona entrevistada o de la posición que ocupa.

Figura 13

A propósito, un par de días antes de la entrevista, se sugiere entregar el formulario con las preguntas y la explicación de los principales conceptos (objetivos o misión, funciones, etcétera). Esto va a permitir que el entrevistado vaya avanzando, anotando qué hace y en qué circunstancias. Con esto no se espera que el entrevistado entregue el cuestionario respondido al reunirse con el entrevistador. Pero sí, que disponga de la información pertinente en el momento de la entrevista. Por el contrario, si el colaborador debe ponerse a pensar en las tareas que realiza durante la entrevista por primera vez, el encuentro durará más tiempo y la información resultará muy incompleta.

Comunicación del proceso

Antes de poner en marcha un proceso de descripción de puestos, es necesario desplegar otro: la comunicación de su lanzamiento.

Como cualquier programa, el de descripción genera expectativas de todo tipo que suelen manifestarse a partir de su anuncio. Es entonces cuando podemos descubrir no solo qué está pasando por la mente de nuestra gente, sino también estimar con precisión lo que demandará al liderazgo en participación e involucramiento. Por lo tanto, la comunicación previa debe valorarse como la ocasión privilegiada tanto para potenciar los resultados del proceso que se va a emprender, como para suspenderlo a tiempo si se ha detectado que no están dadas las condiciones para llevar adelante un programa de estas características.

En nuestra práctica profesional, cuando hacemos descripciones de puestos, muchas veces nos encontramos con que los ejecutivos que no pertenecen al área de Recursos Humanos depositan en el programa expectativas que lo exceden. ¿La más usual? Identificar quiénes son las personas que están de más en la organización. "*¿Tenemos la población suficiente para los trabajos y objetivos que nos proponemos para este año o hay gente de sobra?*" Esta es la pregunta que se hacen todos los líderes, de cualquier organización, porque el impacto sobre las ganancias y las pérdidas (es decir, sobre el "P&P", *profit and loss*) es crítico.

Los salarios y la cantidad de personas son temas muy cuidados por las casas matrices. Estas, con frecuencia, delegan en sus gerentes decisiones de envergadura –como la compra de inmuebles, rodados y otros bienes que se amortizarán–, pero no la incorporación de personas nuevas o los aumentos de sueldo. ¿Por qué? Porque los salarios se contabilizan como un resultado negativo.

Muchos directivos esperan que el área de Recursos Humanos les traiga "mágicamente" (ya que, en rigor, no tenemos cómo elaborarla) la lista de las personas que sobran en la compañía. Pero un programa de descripción de puestos no sirve para eso porque es una herramienta que identifica qué hace la gente en la organización, pero no qué funciones están duplicadas. Imaginémonos, por ejemplo, una empresa con 800 empleados entre los que se cubren 160 puestos diferentes. Esto significa que unos cuantos individuos trabajan como directores; muchos más, como vendedores; otros tantos como empleados. ¿Cómo identificar, usando la descripción de puestos como herramienta, quiénes de ellos están de más, es decir, no agregan valor?

Además de la confusión conceptual que significa, usar el proceso de descripción de puestos liderado desde Recursos Humanos para desvincular gente desnaturaliza su propósito y desprestigia al área. Después de presentar los despidos ante la organización como consecuencia del relevamiento, será muy difícil instrumentar cualquier práctica o política de Recursos Humanos, por buena que parezca, porque las personas interpretarán que se trata de una iniciativa originada en el área responsable de desvincular gente. Sugerimos tener muy en cuenta esta observación.

Retomando, el programa de descripción de puestos puede y debe valerse de cuatro instancias de lanzamiento:

la dirección general, la gerencia media, los empleados y las entrevistas. Aunque todas son importantes, el lector podrá evaluar cuáles son más apropiadas para su realidad.

En la instancia de la dirección general, el director general comunica el inicio del programa a sus subordinados inmediatos, indicando el alcance del trabajo, la fecha en que comenzará a realizarse, quiénes lo harán, etcétera. Lo ideal es que los especialistas del área de Recursos Humanos de la compañía que serán responsables de relevar y describir los puestos participen del encuentro de dirección y, mediante una intervención de no más de 10 o 15 minutos, expliquen el proceso y evacuen cualquier duda que surja entre los presentes.

Con respecto a la instancia de gerencia media, el procedimiento es análogo, solo que se multiplica por el número de gerencias que tenga la organización. Cada reunión es liderada por el responsable de área, aunque aquí también conviene la explicación en primera persona por parte del equipo de Recursos Humanos. Así, por ejemplo, si el gerente de Marketing se reúne con su gente para hablar de varios temas, conviene pedir 15 minutos para afianzar la comunicación del programa mediante una presentación en PowerPoint o cualquier otra herramienta de utilidad similar. Huelga recordar que a medida que se asciende en el nivel jerárquico los procesos de comunicación exigen mayor precisión, brevedad y contundencia porque la audiencia tiene menos disponibilidad para dedicarnos.

La tercera instancia nos pone en contacto directo con el personal. Dirigirnos a este público supone que ya hemos presentado y comentado el programa de descripción con directores, gerentes y mandos medios. Ahora hay que hablar con la gente. ¿Cómo hacerlo cuando el público es tan numeroso? Un medio muy eficiente y eficaz es el correo electrónico. Además de explicar en qué consiste la descripción, cuál es su propósito, quién y cómo hará el relevamiento, puede adjuntarse el formulario elaborado para que los destinatarios puedan ir elaborando la información que proporcionarán.

Aunque solo serán entrevistados algunos empleados, conviene comunicar el programa a todos para restar misterio, reducir suspicacias y darle transparencia. De hecho, es importante incluir en la comunicación la cuestión de las compensaciones, ya que la descripción suele despertar expectativas de aumento salarial. Al respecto, conviene aclarar de antemano que esa clase de decisiones no depende de Recursos Humanos, sino de la dirección de la compañía. Si bien el área administra los aumentos salariales, del mismo modo que lleva adelante el reclutamiento, implementa la capacitación o efectiviza las desvinculaciones, en ningún caso toma por sí, en forma autónoma, las decisiones que disparan cada una de esas acciones.

Nuestra experiencia profesional nos ha enseñado y confirmado en esta convicción: cuando hablamos de descripciones de puestos o de sistemas de compensaciones, debemos hacerlo con claridad.

La gente no es tonta y, por el contrario, valora positivamente que se expliciten sus expectativas porque esto constituye el primer paso para atenderlas. Así, un simple correo electrónico o una buena cartelera pueden representar instrumentos muy útiles para comunicarse eficazmente con todo el personal.

La cuarta instancia de comunicación es la entrevista. Si al llegar a este momento descubrimos que el entrevistado no está enterado de los principales aspectos del programa de descripción de puestos, queda demostrado que no hemos hecho bien nuestro trabajo de comunicación en las instancias anteriores, sobre todo, en el plano gerencial.

Una vez que todo el personal sabe de la entrevista, debemos lanzar el programa propiamente dicho.

Oportunidad y duración del programa

Un proceso completo de legitimación de diferencias salariales incluye la descripción[3] y evaluación[4] de puestos, la investigación de mercado[5], la elaboración de escalas… Pero como cualquier otro que involucre el dinero de la gente, no puede durar un año. Por más grande que la organización sea, no podemos trabajar en ella haciendo descripciones de puestos durante seis meses, evaluándolos durante otros tres, investigando el mercado por dos meses más y elaborando las escalas en unos veinte días adicionales. ¿Por qué? Porque la expectativa inflacionaria de la gente es tal que, cuando los resultados llegan tan demorados, por mejores que sean, no satisfarán las expectativas creadas y esto jugará en contra. De allí surge la importancia de que el programa comience y termine en poco tiempo, unos dos o tres meses, incluida la etapa de devolución de los resultados a la gente. ¿Cuándo se inicia el conteo del plazo? Con la comunicación del lanzamiento del programa.

Comprometer al liderazgo y a la gente

La reunión de los responsables del programa con el nivel gerencial resulta clave para el éxito. Supongamos que estamos frente al gerente de Administración y Finanzas. Esa reunión es de capital importancia y, como profesionales de Recursos Humanos, debemos ganarnos su apoyo. Él es quien

---

[3] Identificación y registro escrito de la información relativa al objetivo, el contenido y los requerimientos de un puesto.

[4] Procedimiento que determina el valor relativo de un puesto con respecto a los otros dentro de una organización.

[5] Relevamiento que permite establecer las compensaciones totales que pagan los competidores por puestos análogos (en responsabilidades y funciones) a una categoría dada de nuestro manual de evaluación de puestos.

está más involucrado en los resultados, a diferencia de los directores, concentrados por lo general en la estrategia del negocio. Al gerente le sustraeremos las personas a su cargo para realizar las entrevistas y si no presta su colaboración y aval, difícilmente obtengamos los datos que necesitamos.

La reunión con el responsable de área puede durar entre 60 y 90 minutos. Su propósito principal consiste en "vender" la descripción de puestos y, por extensión, hacer marketing de Recursos Humanos. Debemos promocionar de una manera eficaz ante el gerente las ventajas que el relevamiento reportará a su área. Asimismo, como objetivos derivados, debemos proponernos comunicar el programa, comprometer al líder e identificar el personal a entrevistar.

Una vez que el gerente-cliente interno "compró" el programa, debemos interiorizarnos sobre la misión del área en que vamos a trabajar sin perder de vista su posición dentro del organigrama. En este punto, conviene no suponer (por experiencias pasadas, lo que sugiere el nombre del área, o similar), sino preguntar todo (¡todo!) a los responsables. Esto ayudará mucho al hacer la lista de puestos a describir y para saber qué tipo de perfiles vamos a encontrar. Si debiera hacer una descripción para la Gerencia de Operaciones y Mantenimiento de una fábrica de procesos continuos de papeles, es muy probable que el entrevistador ignore todo acerca de la misión del área. ¿Por qué habría de saber sobre un tema tan técnico? Por eso, reunirse con el líder, formularle –entre otras– preguntas sobre procesos químicos de calidad o sobre procesos microbiológicos resultará tan pertinente como necesario para realizar un buen relevamiento.

Con respecto a la identificación del personal a entrevistar, es preciso recordar, en primer lugar, que no es necesario entrevistarse con todos los integrantes del área o la empresa en estudio. Habitualmente, será suficiente hacerlo con una muestra de entre el 25 y el 40% de la plantilla.

Este porcentaje, claro está, se define según el tamaño de la organización, la especificidad de los puestos, la complejidad de los organigramas, la existencia de procesos tercerizados, etcétera.

Hace un tiempo realizamos un trabajo para la industria farmacéutica en una empresa estadounidense. Cuando nos reunimos con el gerente comercial, nos explicó que tenía a su cargo alrededor de 170 visitadores médicos, que son promotores de medicamentos. En este caso, fue suficiente entrevistar a cuatro o cinco personas. ¿Por qué? El país estaba dividido en 15 regiones, cada una liderada por un jefe regional que, a su vez, tenía entre 10 y 15 personas a cargo. Todos hacían exactamente lo mismo excepto por la zona que cubrían. Tal vez podríamos haber diferenciado por nivel de experiencia entre visitador médico *senior* y *junior*. Pero la verdad es que con entrevistar a un jefe regional, al gerente y a unos pocos visitadores ya barríamos los puestos de entre 100 y 150 empleados. En cambio, cuando nos pusimos en contacto con el área de Administración y Finanzas de la misma compañía, comprendimos que necesitábamos entrevistar –por lo menos– al 60% de las personas porque casi todas se encargaban de funciones diferentes.

Así, la construcción de la muestra es un proceso que requiere de la colaboración activa del responsable directo del área a relevar. Esta persona nos podrá indicar, según su experiencia y/o familiaridad con los puestos, quiénes de entre sus colaboradores están en mejores condiciones de brindarnos la información que necesitamos. No obstante, cabe subrayar que la responsabilidad por la conformación de la muestra (y, por lo tanto, la última palabra) es del analista, pertenezca este al área de Recursos Humanos o sea un consultor externo contratado.

Respecto del programa de descripción de puestos, debemos asumir también como nuestra responsabilidad el cuidado y buen trato a todos los miembros del área en estudio, y no solo a los entrevistados. A veces, ahorrarnos una entrevista de 40 minutos, porque sabemos que nos brindará información redundante, puede provocar un malestar en el grupo que, seguramente, tarde o temprano afectará a nuestro trabajo. Considerar los beneficios colaterales de ese "gasto" con frecuencia nos lleva a comprender que, en realidad, significa una pequeña inversión que promete un retorno valioso.

En el caso de empresas con sucursales en lugares inhóspitos, es probable que se nos sugiera hacer el relevamiento en las sedes de más fácil acceso. Sin embargo, nuestra propuesta como especialistas es que el analista elija también la posición más lejana, se traslade hasta allí y observe las condiciones de trabajo. ¿Por qué? Porque la información adicional obtenida resultará importante para que la muestra sea en verdad representativa. Solo así se podrá afirmar con certeza que existe igualdad entre los puestos o, por el contrario, dar cuenta de las diferencias, variedad y particularidades de cada uno. Además, cuando la descripción así elaborada se presente ante los líderes de la compañía, ellos sabrán que tienen en sus manos información representativa del conjunto de la organización, y no solo de las áreas centrales. Esta es otra forma de hacer marketing de Recursos Humanos: mostrando que es un área al servicio de toda la empresa, sin importar su dispersión geográfica. Solo de este modo podremos tener a todos "a bordo", como aliados del programa.

Algunos consejos prácticos

Estamos convencidos de que la mejor manera de alcanzar la excelencia es incorporar los aprendizajes propios y ajenos para, sobre esa base, buscar la autosuperación. Con ese espíritu, compartimos con usted lo que nos ha resultado positivo en más de 30 años de trabajo en Recursos Humanos.

- **Resérvese tiempo para el proceso.** Cada entrevista demanda entre 20 y 45 minutos, siempre que el programa haya sido comunicado antes al entrevistado y el formulario se hubiera enviado con una anticipación razonable. Entre cuatro y cinco entrevistas por día –de la duración indicada y con un margen de entre 5 y 10 minutos para tomar apuntes adicionales o reflexionar sobre lo trabajado con el entrevistado– constituye un promedio prudente para la agenda del analista.
- **Guarde las jornadas de entrevistas exclusivamente para esa tarea.** No crea el entrevistador que podrá salir de la entrevista y retomar su trabajo normal sin un desgaste adicional. La jornada laboral tiene entre seis y siete horas netas. Si el 80% se consume en entrevistas, resulta dudoso que se logre un buen rendimiento en las funciones de rutina. La verdad, si se nos permite la franqueza, si hicieran así todo saldría mal porque las variables de ajuste serían el esfuerzo físico y la familia ya que, en la mayoría de los casos, el analista terminará por quedarse a trabajar después de hora.
- **Respete las rutinas de la gente.** Sus tiempos de trabajo son prioritarios. De lo contrario, no hallará aliados para el programa sino enemigos. La oportunidad de la entrevista debe negociarse dentro de parámetros razonables y coherentes con la descripción.
- **Recuerde que está trabajando con personas.** La mayoría de nosotros tiende a ser simplista y a realizar cálculos lineales. *"Vamos a entrevistar a 100 personas. Somos dos entrevistadores así que podemos hacer 10 reuniones por día, 50 por semana… En 10 días laborables, terminamos."* Este razonamiento es un error. Por empezar, si vamos a ausentarnos durante dos semanas para hacer el relevamiento, debemos decidir si dejaremos que nuestro trabajo diario habitual se acumule o lo encomendaremos

a alguien más. Pero sabemos que, incluso en este último supuesto, habrá siempre temas que demanden nuestra atención personal. Por otro lado, es improbable que ninguna de las 100 personas a entrevistar se enferme, sufra un contratiempo o se vea urgida de ocuparse de otro tema de su responsabilidad (prioritario, por definición, para el entrevistado) en el transcurso de 10 días. No podemos programar las entrevistas como si estuviéramos disponiendo de objetos inanimados en un universo de laboratorio sino tratando, más bien, de prever la contingencia.

DESCRIPCIÓN DE PUESTOS: RELEVAMIENTO
(LISTA DE CONTROL)

- ¿Qué se hace en este puesto y con qué finalidad?
- ¿De qué nivel de puesto se trata?
- ¿Cuál es el impacto de esta posición sobre los resultados de la compañía en el corto, mediano y largo plazo?
- ¿Afecta en particular al desempeño de un sector, una gerencia o a un grupo de gerencias?
- ¿En qué se diferencia con respecto a otros puestos?
- ¿Qué nivel de formación y experiencia mínimas requiere?
- ¿Qué grado de complejidad y autonomía supone el puesto?
- ¿Qué funciones no pueden delegarse?

Figura 14

A modo de síntesis

Las descripciones de puestos constituyen una herramienta clave para la legitimación de diferencias salariales. Consisten en establecer el nombre de cada posición, definir su misión y describir las funciones que cumple. En todos los casos, la descripción brinda una mayor objetividad a la gestión, pues omite cualquier referencia a los salarios y/o a los individuos que puedan hallarse cubriendo un puesto circunstancialmente.

Antes de iniciar su implementación, el proceso de elaboración de las descripciones debe ganarse el apoyo de directores, gerentes y jefes. Para este fin, debe garantizarse una comunicación clara, oportuna y que enfatice las ventajas para todos los involucrados, porque solo si los líderes de todos los niveles creen en la herramienta, esta podrá ser adoptada y mostrar su utilidad. De lo contrario, se convertirá en un artefacto de gestión superfluo, inservible y más o menos costoso.

Como proceso, las descripciones deben elaborarse tan rápidamente como sea posible, chequeando y validando la información relevada con todas las fuentes disponibles, principalmente, con los jefes directos de los entrevistados.

CAPÍTULO IV

EVALUACIÓN DE PUESTOS

Como explicamos en la introducción de la segunda parte del presente libro, la evaluación suele seguir a la descripción de puestos. El principal propósito de la evaluación es construir un sistema de categorías para la gestión de los puestos, tarea que –como sabemos– incluye, entre otros muchos ítems, la fijación de los esquemas salariales.

¿Cómo se llega de la descripción de puestos a un sistema de categorías? De eso se trata este capítulo. Por ahora, adelantemos brevemente que, mediante una evaluación realizada de acuerdo con criterios elegidos, explícitos y (muy importante) comunes para todas las posiciones, se otorga un puntaje a cada puesto. Luego, los puntajes son agrupados en bandas o rangos, cada uno de los cuales definirá una categoría. El conjunto sistematizado de las categorías cristaliza en un manual que, a todos los efectos de la gestión de Recursos Humanos, permite entre otras cosas:

- establecer la situación y el valor relativos de cada posición dentro del conjunto de puestos de la compañía;
- situar las nuevas posiciones que se creen;
- contrastar las remuneraciones de nuestra compañía con las que pagan los competidores, y

- legitimar las diferencias salariales entre puestos con una importante cuota de objetividad.

En rigor, la evaluación no es estrictamente necesaria para elaborar un manual de puestos. De hecho, muchas empresas relacionan sus descripciones directamente con las prácticas de mercado y, de esa manera, otorgan valor salarial a cada posición. ¿Cómo? Investigando en el mercado lo que se paga por cada función incluida en la descripción o por el cargo. Sin embargo, este procedimiento encierra algunos problemas metodológicos que, eventualmente, pueden distorsionar mucho las conclusiones que se extraigan.

Conviene señalar que la evaluación de puestos determina solo el valor relativo que tiene un puesto dentro de una organización (Figura 15). ¿"Relativo" con respecto a qué? A los demás puestos de la compañía. A diferencia de los valores absolutos, los valores relativos refieren a una comparación. El salario que se paga por un puesto, por ejemplo, tiene un doble valor. Por una parte, un valor absoluto, intrínseco, equivalente a la cantidad de dinero que gana una persona, supongamos, mil pesos. Por otra, tiene un valor relativo, definido –entre otros factores– en base a qué puede comprar o hacer una persona con esa cantidad de dinero en un momento y lugar determinados: todos sabemos que los mismos mil pesos no tenían el mismo valor en 1995 que en 2011; ni tampoco valieron lo mismo en México que en Buenos Aires durante 2008.

Cuando evaluamos el valor relativo de una posición, no lo hacemos solo con respecto a puestos relacionados por área de trabajo o por jerarquía. Por eso, la evaluación permite comparar un puesto dado con cualquier otro y (aquí está el valor distintivo de esta herramienta) medir a ambos con la misma vara. ¿Recuerda el lector aquella imaginaria secretaria de Directorio que, en el comienzo del Capítulo III, quería ganar más que el comprador estrella de la compañía?

¿Recuerda el problema –aparentemente irresoluble– de comparar dos puestos tan distintos y distantes? Como explicamos, la respuesta a este planteo comienza con la descripción de puestos y, ahora, vemos que sigue con la evaluación y la asignación de puntajes.

EVALUACIÓN DE PUESTOS: MATRIZ DE EQUILIBRIO INTERNO (Ejemplo)					
Nivel	Banda	Operaciones	Tecnologías de la información	Administración y finanzas	Recursos humanos
8	• Dirección	Director de Operaciones		Director de Finanzas (CEO)	
7	• Gerencia de primera línea		Gerente de Sistemas		Gerente de Recursos Humanos
6	• Gerencias de segunda línea • Jefaturas	Jefe de Calidad Jefe de Matricería	Gerente de Proyecto (*Project Manager*)	Controlador (*Controller*)	Jefe de Compensaciones
5	• Especialistas • Supervisores	Ingeniero de Proceso	Desarrollador (*Developer*)		
4	• Profesionales Sr.			Analista de Finanzas	
3	• Profesionales S-Sr. • Administrativos Sr.			Analista de Tesorería	Analista de Nómina Analista de Reclutamiento
2	• Profesionales Jr. • Administrativos S-Sr.	Proyectista	Técnico de Contenidos		
1	• Administrativos Jr.	Operario de Ingreso		Cadete	
Jr.: *Junior* - Sr.: *Senior* - S-Sr.: Semi*Senior*					

Figura 15

Si bien como cualquier herramienta no garantiza infalibilidad, la evaluación de puestos por puntos colabora sustancialmente con una administración de salarios equilibrada, cimentada sobre datos relevados con rigor metodológico. Por eso, aunque la evaluación –como la descripción de puestos– despierte con frecuencia resistencias, brindan el extraordinario beneficio de disminuir al mínimo la carga subjetiva de la gestión.

Foco en el puesto *vs.* foco en las competencias

Actualmente, existen en el mundo muchos sistemas de evaluación de puestos desarrollados por las empresas y por las consultoras en Recursos Humanos de manera más intuitiva o más profesional. Pero, con independencia de la variedad de formas que la herramienta puede adoptar, su difusión señala utilidad y vigencia. No obstante, el lector atento se preguntará cómo compatibilizar esta afirmación con lo que explicamos sobre competencias en el capítulo correspondiente a la estrategia.

Como expusimos oportunamente, mientras que la evaluación se concentra en el análisis de los puestos para fijar una banda salarial de acuerdo con ciertos parámetros, la administración por competencias –originada en los Estados Unidos y Europa– pone el foco en las capacidades de las personas. ¿Por qué nosotros no proponemos prioritariamente este abordaje? Porque la literatura especializada y nuestra experiencia nos muestran que no es la más adecuada para el mundo corporativo en su sentido más tradicional.

Cuando en la primera parte del libro hablamos sobre la estrategia, narramos la historia del millonario pase de Cristiano Ronaldo y de la (des)proporción de ese importe con respecto a la remuneración del resto de los jugadores del Real Madrid. Resulta evidente que, en este caso, el puesto no explica la diferencia de salarios sino las competencias, un factor que impacta especialmente en el mundo no corporativo (como el del fútbol o el cine). El valor lo agrega Ronaldo por su manera de jugar al fútbol más que por ocupar la posición de delantero.

En el mundo tradicional de las empresas, la lógica se invierte: lo determinante es el puesto. La distancia entre los salarios de un gerente de Marketing y un analista de Sistemas está marcada, en primer lugar, por la evaluación de sus puestos y, en segundo lugar, por los elementos que distinguen a cada persona a la hora de desempeñar su posición.

Sistemas de evaluación

Sin importar las características de las organizaciones, existen dos tipos de sistemas de evaluación de puestos: los analíticos y los no analíticos. Mientras que los primeros descomponen el puesto a evaluar en funciones, responsabilidades y los principales requerimientos, los segundos evalúan el puesto en forma general, como un todo. Para ayudar al lector a comprender las ventajas de unos y otros, ilustraremos el tema con un ejemplo.

Supongamos que queremos legitimar las diferencias de remuneración entre un analista de Costos y un gerente de Finanzas. Los sistemas no analíticos dirían que –sin dudas– el puesto de gerente de Finanzas es más importante que el de analista. Dado que las prácticas de Recursos Humanos están siempre expuestas a la auditoría del cliente interno, conviene pensar qué razones vamos a ofrecer para fundamentar nuestra evaluación. La respuesta es sencilla: tomamos como criterio el significado del nombre de cada puesto, es decir, nos fijamos simplemente en la denominación. ¿Alguien discutiría que un gerente es jerárquicamente más importante que un analista? No. ¿Y que esa diferencia justifica las diferencias de sueldo? Tampoco. Pero ¿cuánto más importante es un puesto que el otro y, por lo tanto, cuánto más debería ganar el gerente que el analista? La respuesta ya no es trivial.

Si trabajamos bajo un sistema no analítico de evaluación, debemos escalonar todos los puestos de la organización según su jerarquía funcional.[1] Podríamos decir entonces

---

[1] No incluimos aquí a los propietarios (socios dueños, accionistas o similares).

que el primer nivel en importancia lo tiene el puesto de gerente general, seguido por los de gerentes de áreas, etcétera. Mientras nos movamos en la escala verticalmente, pocas dudas se nos presentarán. Pero ¿qué pasará cuando nos desplacemos en forma horizontal? ¿Cómo establecer, entre todas las posiciones gerenciales que reportan a la de Número Uno, y cuál es la que funciona como Número Dos en la línea de reemplazo? Podríamos reunir a todos los gerentes y preguntarles cuál es la gerencia (puesto) más importante. "*¡La mía!*", contestará... ¿quién? ¿La Gerencia de Finanzas? ¿La de Producción? ¿La Comercial? ¿La de Recursos Humanos? Todas estas funciones son imprescindibles para el funcionamiento de la organización, por lo tanto, ¿todos los gerentes deben ganar lo mismo?

Los sistemas no analíticos funcionan discretamente bien en la evaluación (recordemos, no para ordenar sino para evaluar) cuando las distancias entre puestos son lo suficientemente significativas como para no prestarse a confusión. Pero cuando los puestos se acercan jerárquicamente o se encuentran en un mismo nivel (por ejemplo, los puestos de analista de costos, analista de producto, analista de sistemas y analista de recursos humanos), ¿debemos darles a todos la misma valuación? Esta es la razón por la cual la mayoría de los especialistas y de las organizaciones prefieren los sistemas de evaluación analíticos.

Un sistema analítico de evaluación descompone los puestos para identificar qué funciones y responsabilidades contemplan, así como las competencias necesarias para cubrirlo. Las funciones y responsabilidades son evaluadas, ponderadas y sopesadas para otorgarles un puntaje según un patrón común. Un sistema de evaluación no es ni más ni menos que una balanza de puestos, que permite establecer el "peso" de los puestos de una organización de acuerdo con ciertos indicadores.

Si tuviésemos que comparar la contextura física entre los hombres de origen asiático y los de origen americano, utilizaríamos seguramente dos indicadores: altura y peso. El lector estará de acuerdo con nosotros que estos factores pueden medirse en todos los casos que se releven con las mismas unidades de longitud y masa, ¿verdad? Pues bien, la evaluación de puestos funciona de manera análoga. La organización (o la consultora contratada) diseña una "balanza" destinada a medir y pesar los puestos de la empresa.

Así, el primer paso consiste en establecer qué tipo de puestos vamos a evaluar para establecer la sensibilidad que debe tener el sistema de evaluación. (Si el sistema es como una balanza, antes de comprar una, debemos saber si pesaremos camiones o niños.) El diseño a medida del sistema de evaluación de puestos resulta ventajoso porque permite tener en cuenta algunos elementos culturales o estratégicos vinculados a la organización que lo empleará. Volveremos más adelante sobre este tema.

Condiciones de un buen manual

El diseñador debe asegurarse de que el manual cumpla, en todos los casos, con tres condiciones:

- permitir el estudio de la totalidad de los puestos a evaluar;
- resultar comprensible y aceptado por el personal, y
- ser preciso y fácil de instalar y entender.

Imaginemos una organización industrial y comercial con posiciones que comprenden desde máximos ejecutivos y directores hasta operarios (algunos, encuadrados en un convenio colectivo de trabajo), pasando por analistas, profesionales *junior* y supervisores. Al revisar las descripciones de estos puestos, encontraríamos una gran dispersión de funciones: ejecutivos con responsabilidades de altísimo impacto estratégico, operarios asignados a tareas de gran compromiso físico, supervisores que lideran grupos muy conflictivos, etcétera. Un manual que pretenda considerar los tres niveles de puestos (directores, operarios y las posiciones intermedias) no tendrá la sensibilidad adecuada para evaluar a cada uno. Equivaldría a tratar de servir a un mercado amplio y heterogéneo con un mismo producto. Por lo tanto, ante una población que cubre puestos cualitativamente muy diversos, lo ideal es segmentar y crear manuales de evaluación específicos para operarios, para gerencias medias, para directivos, etcétera, es decir, manuales diferenciados según las necesidades de la organización que los empleará. Así, lograremos que cada manual evalúe todos los puestos que necesitamos considerar en cada segmento, y no todos los puestos existentes en el universo de la empresa para la que estamos trabajando.

En cuanto al carácter comprensible y aceptado por parte del personal, no debemos olvidar que el manual es una herramienta que debe resultar amigable para el cliente interno. Esto exige sencillez.

Hace 30 años, Recursos Humanos reservaba para sí las funciones de administración salarial, los programas de desempeño, los sistemas de evaluación de puestos, los programas de mérito y otros similares. En todo esto, poco influían los jefes y los gerentes de otras áreas. Pasó el tiempo, las prácticas se sofisticaron mucho más y debieron volverse más accesibles a sus destinatarios porque cambió el rol de Recursos Humanos.

Si se nos permite la analogía, el proceso es similar al pasaje del DOS al Windows como sistema operativo. ¿Por qué se impuso este? Porque ofreció una interfase mucho más amigable para cualquier clase de usuario que aquel. Si se analiza la complejidad intrínseca de un sistema y otro, Windows es mucho más "complicado", no solo por la variedad de funciones que ofrece sino, principalmente, porque está pensado para que el usuario pueda usarlo en forma sencilla para enviar y recibir correo electrónico, diseñar una planilla de cálculo, redactar un texto, jugar al solitario y mil cosas más. La genialidad de un sistema como Windows reside, precisamente, en que es un sistema muy sofisticado accesible para un público amplísimo. Con un objetivo similar, trabajamos en el área de Recursos Humanos

En las organizaciones, prima hoy el concepto de que el verdadero gerente de Recursos Humanos es el líder que está en contacto directo con su gente, es decir, quien la administra, la capacita y la motiva. ¿Cuál es, entonces, el papel actual del especialista en Recursos Humanos? Apoyar esa gestión del líder directo desde un lugar de asesor o consultor. Las prácticas de nuestra especialidad han ganado muchísimo en complejidad conceptual y sencillez de empleo, precisamente, porque deben resultar comprensibles, aceptables y cómodas para sus usuarios, es decir, los líderes no especialistas. No olvidemos que el producto final de la evaluación de puestos incidirá sobre las remuneraciones. Por lo tanto, cuanto más claro sea el procedimiento para llevarla a cabo establecido en el manual, mucho mejor.

Por último, señalamos que el manual debe ser preciso, fácil de instalar y mantener. Una de las principales críticas que se hace a los manuales de evaluación apunta a que son complejos de diseñar. Esto se debe, con frecuencia, a que la gente de Recursos Humanos no está preparada para diseñar una herramienta a medida y, por lo tanto, debe recurrir a fuentes o ayuda externas con la consecuente erogación de tiempo y dinero.

Sin embargo, un buen manual de evaluación de puestos, que introduzca oportunamente pequeños cambios, puede mantenerse vigente entre 5 y 15 años. Con un plazo de amortización semejante, bien vale dedicar una semana más y algún dinero adicional para contar con un manual diseñado según las necesidades de la organización. A la hora de crear esta herramienta, es importante no focalizarse en el corto plazo, aunque nos apremie el próximo aumento de sueldos, la futura reestructuración o alguna circunstancia semejante. Como especialistas en Recursos Humanos, es nuestra responsabilidad explicar esto claramente a los líderes.

Conviene tener en cuenta que el diseño del manual de evaluación de puestos debe contemplar los contenidos culturales y estratégicos de cada empresa. Si estamos trabajando para un hospital, necesitamos considerar que los entrevistados serán profesionales de la salud (médicos, enfermeras, kinesiólogos, etcétera), y si se trata de una planta de producción o de una consultora, los perfiles de la población y sus modos de trabajar serán otros. Por lo tanto, dependiendo de los valores culturales y de los aspectos estratégicos de cada compañía, tendremos que definir cómo será el mejor manual de evaluación para ella.

A continuación, explicaremos los siete pasos que demanda el diseño de un manual de evaluación de puestos: definir el alcance de los puestos a evaluar, seleccionar y definir los factores de evaluación, ponderar los factores, seleccionar y definir los grados de cada factor, puntuar los grados, evaluar los puestos y construir una escala en puntos.

Primer paso: definir el alcance

Significa definir qué puestos vamos a evaluar. ¿Directores? ¿Directores y gerentes? ¿Directores, gerentes, supervisores, analistas y operarios? Como dijimos, de esta decisión depende que la herramienta conserve o pierda sensibilidad.

Conviene segmentar. De acuerdo con nuestra experiencia profesional, las organizaciones no suelen elaborar manuales de evaluación para los puestos directivos debido a que resulta muy difícil medir la importancia, así como los roles estratégicos y de conducción de cada uno. No obstante, para saber a cuánto debería ascender la remuneración de estas posiciones, puede consultarse directamente al mercado.

En el caso de operarios, el manual debe enfocarse en los aspectos importantes de los trabajos que realizan: espacio, esfuerzo físico, condiciones ambientales, etcétera. Por supuesto, aquí no hallaremos miradas estratégicas, sino la preeminencia del horizonte a corto plazo.

Segundo paso: seleccionar y definir factores

Este paso parece difícil, y lo es. Abordar analíticamente un puesto –como ya explicamos– exige descomponerlo en partes (factores) y, de acuerdo con ellas, evaluarlo, medirlo y sopesarlo. Entendemos por factor una posibilidad de analizar y segmentar un puesto determinado (Figura 16).

Pensemos en un grupo de puestos que excluya a los directores y a la mano de obra directa, es decir, conformado por profesionales, administrativos, analistas, secretarias, gerentes, jefes, gerentes de Sistemas y de Recursos Humanos. Para analizarlos, ¿qué factores son relevantes?

Concentrémonos, por ejemplo, en el puesto de gerente de Marketing. ¿Cuáles son las características que lo hacen especial? ¿Qué nos permite dividir (factor) el puesto y analizar cada una de sus partes por separado? Esta posición se relaciona con la investigación de mercado y la fijación de precios. En consecuencia, es probable que maneje cierta información confidencial, un atributo que le otorgaría un peso relativo mayor que a otras posiciones. De esta manera, hemos despejado el factor "confidencialidad" como un factor del puesto de gerente de

Marketing y de todos los que estén comprendidos en la masa de puestos a evaluar.

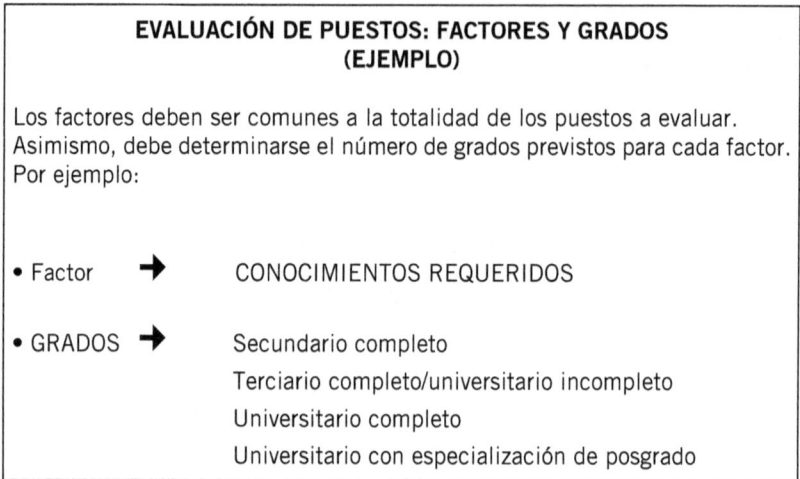

**EVALUACIÓN DE PUESTOS: FACTORES Y GRADOS
(EJEMPLO)**

Los factores deben ser comunes a la totalidad de los puestos a evaluar. Asimismo, debe determinarse el número de grados previstos para cada factor. Por ejemplo:

- Factor ➡ CONOCIMIENTOS REQUERIDOS

- GRADOS ➡ Secundario completo
Terciario completo/universitario incompleto
Universitario completo
Universitario con especialización de posgrado

Figura 16

Pero continuemos. La posición de gerente de Marketing requiere, según la descripción de puestos previa, un profesional. Por lo tanto, "estudios" será también un factor al igual que "gente a cargo", por su responsabilidad en el manejo de personas. Valiéndonos de todas las descripciones de puestos que hizo la compañía (tema del capítulo anterior), podremos identificar también otras posiciones que manejen información confidencial, demanden formación profesional y responsabilidad de mando. De este modo, iremos descubriendo otros puestos que podrán ser evaluados por estos y otros factores.

¿Cuántos factores se necesitan para diseñar un manual? Depende del alcance que hayamos fijado en el paso anterior. Si bien la cantidad de factores suele variar, lo habitual es considerar entre 8 y 12. Esto no es caprichoso, un manual que tuviera en cuenta muy pocos factores –por ejemplo, gente a cargo y manejo de bienes–, o bien excluiría de la posibilidad de evaluación a muchos (a todos los operarios, analistas y asistentes), o bien impediría individualizar mejor el valor particular de cada puesto dado por otros factores (estudios, manejo de información confidencial, etcétera).

Por eso, conviene emplear un número mayor de factores. Según la bibliografía y nuestra experiencia, entre 8 y 12 permiten, casi con seguridad, evaluar a más del 90% de los puestos alcanzados. El aumento del número de factores por encima de las cifras sugeridas brindará más detalle en la evaluación, pero también tornará muy engorrosa la administración del manual. Veamos por qué afirmamos esto.

En algunas empresas, el puesto de secretaria de Presidencia exige, además del manejo del idioma inglés, requerido para muchas otras posiciones, el dominio del portugués. Bien podríamos introducir este segundo idioma como otro factor. Pero el único puesto que va a recibir puntaje por este concepto será el de secretaria de Presidencia. Si entendemos que el manual opera como una suerte de balanza que permite establecer el peso relativo entre puestos, incluir ese factor que solo implica a una posición entre muchísimas otras, equivaldría a pretender tener una herramienta que nos permita medir tanto el peso de un automóvil como el de un bebé recién nacido: necesariamente el instrumento perderá sensibilidad y fiabilidad para alguno de esos extremos. Por eso sugerimos no incorporar factores que, lejos de brindarnos una visión más precisa o detallada, solo introducirán distorsión.

La definición de los factores de evaluación es tan importante como su selección. Factores tales como "experiencia" o "estudios" deben resultar unívocos para todos los que apliquen el manual, ya sean especialistas en Recursos Humanos o clientes internos de cualquier otra área. Todos deben entender y usar esos factores, atribuyéndoles el mismo significado. Los factores son como las notas en una partitura: cualquiera sea el intérprete, la música a tocar es la misma.

Para que el entendimiento sea común a todos los implicados en el proceso de evaluación de puestos, las ambigüedades deben preverse, y evacuarse de antemano las dudas. Por ejemplo, si un factor es "personal a cargo", conviene formular precisiones tales como si la dependencia es directa o indirecta, o cuál es la calificación de ese personal, ya que ambas circunstancias pueden aligerar o complicar el desempeño del puesto.

La selección y definición de los factores de evaluación constituye una etapa bastante pesada que atravesamos a fin de legitimar las diferencias salariales mediante las descripciones y las evaluaciones de puestos. Como en este momento del proceso estamos buscando construir objetividad, nos alejaremos de las personas y nos concentraremos en los puestos tanto como nos resulte posible, no por indiferencia hacia los individuos sino para brindarles la seguridad de que serán considerados con la menor discrecionalidad. Después, cuando analicemos los salarios, volveremos a enfocarnos en la gente de carne y hueso.

Tercer paso: ponderar los factores

Supongamos que estamos elaborando un manual de evaluación de puestos. Dado su alcance, seleccionamos y definimos 10 factores (estudios, experiencia, idiomas, información confidencial, manejo de bienes o de dinero, liderazgo de personas, entre otros). Pero sabemos que, dados ciertos aspectos culturales y estratégicos de nuestra compañía, cada uno de esos factores no tiene el mismo peso específico para la empresa (Figura 17). Así, los factores "información confidencial" y "estudios" deberían tener la misma ponderación. Por supuesto, otra organización podría tomar los mismos factores y ponderarlos de manera diferente.

La ponderación debe guardar una relación estrecha y rigurosa con la definición del factor. Si hablamos de "información confidencial", por ejemplo, ¿a qué nos referimos? ¿A la información sobre los salarios del personal? Si fuera así, ¿cuánto afectaría a nuestra organización que se filtre esa información? ¿Cambiaría nuestra posición competitiva? ¿Perderíamos clientes? Decididamente, no. Por lo tanto, "información confidencial" no debe identificarse con la grilla salarial, sino con asuntos estratégicamente más relevantes como un programa de marketing o un proyecto de campaña.

La ponderación se expresa como un porcentaje. ¿Cómo determinarlo? Una buena medida es que el área de Recursos Humanos realice una encuesta sobre los 10 factores, donde pida su opinión calificada –y así los involucre– a todos los líderes, gerentes y directores de la compañía. La consigna es sencilla: que los consultados elaboren, según su criterio, un *ranking* con los 10 factores. Después, deben indicar la ponderación que darían a cada factor. Para esto, tomando el 10% como promedio, deben establecer el porcentaje mayor, menor o igual al 10% que le asignarían a cada factor, cuidándose de que la suma total de los porcentajes adjudicados no supere el 100%.

"*Yo solo puedo aportar la visión desde mi área*", dirá el gerente de Finanzas, y algo similar expresarán el de Producción y el de Marketing… En esto consiste, precisamente, la ventaja de la consulta: en recoger la variedad de ponderaciones surgida de la impronta que cada subcultura de área imprime. Será después tarea de Recursos Humanos analizar la consistencia y elaborar la síntesis.

¿Qué desventajas tiene la encuesta? Que el manual puede atrasarse un poco porque habrá en su elaboración más gente involucrada, a la que habrá que convocar, coordinar, escuchar y demás. Pero cuanto mayor sea la participación, más representativo de la compañía y, por lo tanto, más aceptado será el manual.

Como señalamos más arriba, un buen manual servirá durante años y, por lo tanto, bien vale aplicar en él algunos esfuerzos especiales.

Notas metodológicas sobre la ponderación. Las siguientes observaciones conviene compartirlas con todos aquellos que sean consultados a los efectos de establecer ponderaciones.

Imaginemos que somos el gerente consultado y que debemos ponderar 10 factores. Desde nuestra óptica, "liderazgo" es el más importante e "información confidencial", el de menos relevancia. Si sabemos que el promedio de ponderación es 10%, ¿cómo procedemos? Si para expresar nuestra opinión otorgáramos un 50% al factor "estudios", entre los 9 factores restantes solo tendríamos otro 50% para repartir y si al segundo factor en relevancia (por ejemplo, "idiomas") le diéramos un 30%, nos quedaría solo un 20% para repartir entre… ¡los otros 8 factores! ¿Qué pasaría si todos los gerentes consultados ponderaran igual? Al emplear el manual de evaluación nos encontraríamos ante situaciones entre engorrosas y absurdas. Veamos.

EVALUACIÓN DE PUESTOS: PONDERACIÓN DE FACTORES (Ejemplo) Cada factor es ponderado de acuedo con su importancia relativa con respecto a los demás factores							
Factor	Ponderación inicial	Grados					Total
		A	B	C	D	E	
1 • Estudios requeridos	11%						
2 • Experiencia	8%						
3 • Decisiones y recomendaciones	5%						
4 • Otros	X%						
Total							

Figura 17

Tomo la descripción del puesto de analista de Costos y lo evalúo de acuerdo con los 10 factores elegidos. Como no cumple funciones de liderazgo (factor que se había llevado el 50% de ponderación), por este concepto, al puesto le corresponde cero. Tampoco aparece como requerimientos "idiomas", así que tampoco le sumará. Todavía no chequeamos los otros 8 factores... ¡cuando ya descubrimos que el puesto pierde el 80% de la ponderación! Como algo similar ocurrirá con muchas otras posiciones, que tendrán una valoración casi despreciable. Convendrá preguntarse, por lo tanto, si la organización de verdad solo valora el liderazgo y los idiomas.

Para prevenir estas situaciones, resulta aconsejable pedirle al encuestado (y asegurarnos nosotros mismos) que la ponderación máxima asignada represente no más de tres veces la ponderación mínima. Así, si el factor más ponderado es "liderazgo" con un 18%, el menos ponderado (cualquiera sea) no puede recibir menos de un 6%. Con estas pautas y una hoja de cálculo, los especialistas de Recursos Humanos podrán sistematizar en distintas columnas las propuestas de los consultados (líderes, gerentes o directores) y extraer promedios, no solo para determinar el *ranking* de cada uno sino también las ponderaciones que hicieron.

Cuarto paso: seleccionar y definir los grados

Un grado es la profundidad con que puede manifestarse un mismo factor en distintas posiciones.

Por ejemplo, el factor "estudios" está contemplado tanto en la posición de gerente de Marketing como en la de analista de Caja, sin embargo, no en el mismo grado. Tal vez para el puesto de gerente necesite un profesional universitario graduado, mientras que para el de analista sea suficiente con un título de enseñanza media y algunos cursos.

De este modo, el grado indica la profundidad en la que se da cada factor.

El manual debe prever distintos grados para cada factor. Siguiendo con el factor "estudios", podríamos evaluar como el grado más bajo los estudios secundarios completos, seguido por un grado superior correspondiente a los estudios universitarios incompletos y otro a los estudios universitarios completos, etcétera.

Los grados en la experiencia, por su parte, ofrecen su especificidad. Por lo general, la experiencia se gradúa en tiempo. Dado que algunos puestos no requieren experiencia, el grado más bajo para este factor será "sin experiencia", seguido por "entre uno y dos años", "de tres a cinco" y "más de cinco".

La unidad en que se miden los grados depende de cada factor. Así, el "manejo de bienes" puede graduarse en dinero; los idiomas, en niveles de competencia; y así con cada uno. Lo mejor es construir una escala que contemple la mayoría de los grados y puestos a evaluar, con una definición precisa de cada uno, a fin de que cuando digamos "grado 4 en información confidencial", todos los implicados comprendan qué significa.

Quinto paso: puntuar los grados

En los pasos anteriores ya elegimos el alcance de puestos y los factores a evaluar, los definimos y los ponderamos. Después, elegimos los grados, es decir, la profundidad con que se da cada uno de los factores. El quinto paso consiste en otorgar un puntaje a los grados. Estos grados también deben estar definidos. Por ejemplo, si analizamos el factor "estudios formales", algunos grados podrían ser "secundarios completos", "universitarios incompletos", "universitarios completos", etcétera.

El quinto paso consiste en otorgar un puntaje a los grados para estar en condiciones de evaluar cada puesto una vez terminada esta etapa. La evaluación surge cuando el analista, después de leer cada descripción, la compara con la definición de cada grado buscando aquella que más se asemeje. Así, si el puesto en cuestión fuera el de médico, el grado más relevante para el rol y sus funciones es el de "universitarios" (Figura 18).

Para la asignación de puntos, debe elaborarse un cuadro de doble entrada y varias columnas. En la primera columna se ubica el factor; en la segunda, la ponderación de ese factor, y en las siguientes, los grados.

EVALUACIÓN DE PUESTOS: PUNTUACIÓN DE GRADOS (EJEMPLO)

Cada grado de cada factor es valorado en puntos de acuerdo con un criterio de progresión (aritmética, geométrica o de intervalos desiguales), uniforme para todo el proceso de puntuación.

Factor	Ponderación	Grado A	Grado B	Grado C	Grado D
• Estudios	15%	Secundario completo puntos = 15	Universitario incompleto puntos = 30	Universitario completo puntos = 45	Posgrados y maestrías puntos = 60
• Idiomas	8%	No requiere puntos = 0	Bajo puntos = 8	Medio puntos = 16	Alto puntos = 24
• Experiencia	10%	Sin experiencia puntos = 0	Menor de 1 año puntos = 10	Entre 2 y 5 años puntos = 20	Más de 5 años puntos = 30

Figura 18

El porcentaje adjudicado como ponderación se convierte en puntos. Por ejemplo, una ponderación del 15% dada a los estudios se traduce en 15 puntos. Esos puntos son los puntos base y se adjudican al grado en que el factor aparezca como un requerimiento imprescindible. Siguiendo con el factor estudios, al grado 1 le atribuimos 15 puntos porque todas las posiciones de la organización deman-dan, por lo menos, estudios secundarios completos. En cambio, en el factor idioma, sus 8 puntos base los adju-dicamos al grado 2, pues existen posiciones (por ejem-plo, la de cadete) cuya descripción no incluye ningún nivel de uso de idioma.

A partir del grado al que se adjudicaron los punto base, el puntaje se irá incrementando con los grados en progresión aritmética, a razón de una vez los puntos base por grado (Figura 19). Así, si los 10 puntos base corres-pondientes al grado 2 del factor experiencia se incre-mentarán a 20 en el grado 3 (10 + 10) y a 30 en el grado 4 (20 + 10).

¿Por qué el porcentaje de ponderación se convierte en puntaje? Porque queremos partir de una ponderación que la compañía o sus gerentes dieron al diseñador de la eva-luación al iniciar el estudio. Se trata de respetar ciertos modelos culturales de la organización respecto de a qué factor le da preeminencia sobre otros.

EVALUACIÓN DE PUESTOS: PUNTUACIÓN DE GRADOS (Ejemplo)								
	Factor	Ponderación inicial	Grados					Total
			A	B	C	D	E	
1	• Estudios requeridos	11%	11	22	33	44		110
2	• Experiencia	8%	0	8	16	32	64	120
3	• Decisiones y recomendaciones	5%	3	5	11	25		44
4	• Otros	11%	0	11	22	33		66
	Total							

Figura 19

¿Podría apelarse a otro modelo para construir la progresión de los puntajes según los grados? Sí. Puede aplicarse una progresión geométrica (15, 30, 60, 120, multiplicando por la base), o una progresión de intervalos desiguales. La elección debe ajustarse a las necesidades de cada compañía. No obstante, la progresión aritmética es la más empleada, sobre todo, porque es la de más sencillo uso.

Una vez que se ha construido el cuadro con todos los factores, sus ponderaciones, grados y puntuaciones, estamos en condiciones de evaluar puestos.

Sexto paso: evaluar los puestos

Lo que hicimos hasta ahora fue elaborar un manual de evaluación de puestos a medida de la organización para la que estamos trabajando. Pero bien puede suceder que ese manual ya exista. En cualquier caso, el lector cuenta ya con los elementos como para crear el manual o para comprender la lógica que respalda cualquier manual existente.

El sexto paso del diseño es la evaluación de puestos propiamente dicha. Consiste en hallar una analogía semántica entre la descripción del puesto (funciones y requerimientos) con el manual de evaluación (factores y grados). La evaluación es elegir entre todos los factores y grados del manual aquellos que se adaptan mejor a las funciones y requerimientos del puesto. ¿Y por qué hablamos de "evaluación"? Porque las combinaciones de factores y grados que correlacionemos con cada puesto nos brindarán un puntaje para cada posición.

Una vez que se cuenta con el manual de evaluación, es posible calcular los puntajes correspondientes a cualquier posición que tengamos descripta. ¿Cuál es la inmensa utilidad de esto? Que, a los efectos de diseñar un esquema de remuneraciones, podemos comparar posiciones no porque sean análogas en su quehacer sino porque todas estarán "medidas con la misma vara". Así, la evaluación de puestos descansa sobre una suerte de "metro patrón" común que brinda mayor objetividad.

¿Recuerda el lector aquella secretaria de Directorio, en el comienzo del Capítulo III, que imaginamos insistiendo en merecer un salario igual o superior al de un comprador *senior*? ¿Cómo podíamos justificar de una manera más o menos objetiva la concesión o la negación del aumento de sueldo si, tomadas las funciones de una y de otro, no había forma de hacerlas conmensurables? ¿Cómo legitimar las diferencias salariales? Ahora tenemos la respuesta: podemos decidir si corresponde o no el aumento del sueldo a partir de "pesar" a los dos puestos (en rigor, sus descripciones) con la misma "balanza" (el manual de evaluación). La aplicación del manual de evaluación permite medir las distancias entre puestos y, por lo tanto, legitimar las diferencias sin importar si el manual fue diseñado a medida para la organización, o para una operación de la compañía, o en una casa matriz para todas las sucursales de la firma.

La evaluación de puestos nos evita hablar de las personas que ocupan circunstancialmente una posición y de cantidades de dinero, dos factores que nos desvían de nuestra función profesional y nos conducen al terreno de la subjetividad. Esto sucede porque, si en vez de pensar en un gerente de Marketing y un analista de Caja razonamos en términos de Juan Carlos y Pablo, se vuelve muy probable que la impronta individual de cada uno de ellos impacte y modifique nuestro juicio. En el extremo, cuando un especialista realiza una evaluación de puestos, bien puede ocurrir que no sepa ni cómo se llaman los empleados que los desempeñan ni a cuánto ascienden sus remuneraciones porque su función consiste en construir puntajes y establecer distancias entre estos.

EVALUACIÓN DE PUESTOS: GRILLA (Ejemplo)									
Puesto	Puntos	Nivel	Conocimientos requeridos		Idioma inglés		Experiencia		Otros factores
• Controlador	148	8	3,0		3,0		4		
			45		16		30		
• Analista de pago a proveedores	56	2	2,0		2,0		2		
			30		8		10		
• Ingeniero de procesos	159	5	3,0		3,0		3		
			45		16		20		

Figura 20

Los puntajes, precisamente porque son solo eso, resisten los embates inflacionarios y las diferencias cambiarias de un país a otro. Cuando de una evaluación de puestos surge que la posición de gerente de Producción vale 1.726 puntos, y la de asistente de Directorio 914, será un paso posterior, diferente, establecer a cuántos pesos, dólares o euros equivalen esos puntos en un momento y lugar determinados. Los puntajes denotan la importancia relativa de cada puesto para la organización (Figura 20); este es el dato primario, el que nos permite construir el equilibrio interno.

A este proceso le sigue la construcción de la escala en puntos.

Séptimo paso: construir una escala en puntos

Una escala de puestos es una representación gráfica de los puestos en una compañía elaborada con el fin de clarificar, en primer lugar, la administración de los puestos y, en segundo, de los salarios. Insistimos: no estamos hablando aquí de escalas de salarios sino de puestos, es decir, de la surgida del ordenamiento de los puntajes obtenidos mediante la aplicación del manual de evaluación.

Todas las empresas tienen escalas de puestos, incluso las que dicen no tenerlas. Las organizaciones suelen agrupar los puestos por diversos motivos y de acuerdo con variados criterios, todos relacionados con la importancia asociada a cada posición: gerentes por un lado, profesionales por otro, asistentes por aquí, operarios técnicos por allá. De esos agrupamientos surgen ciertas asignaciones y cuotas de estatus como, por ejemplo, el acceso a una oficina privada o compartida, el reconocimiento de gastos de automóvil, etcétera.

¿Cuáles y cuántos niveles y categorías conviene distinguir en una compañía? La respuesta debe buscarse con espíritu instrumental. Por ejemplo, ¿las diferencias detectadas mediante el manual de evaluación entre el de director de Finanzas y el de Recursos Humanos justifican reconocer en este nivel ("directores") dos categorías ("de línea" y "*staff*")? Por lo general, las compañías usan una categoría para los directores, una o dos categorías para los gerentes, una categoría para los jefes, tres categorías para los profesionales (*junior*, semi-*senior* y *senior*), etcétera.

Por supuesto, para que esto funcione debe existir una definición clara y explícita de cada nivel y categoría. La organización debe contar con una respuesta casi inequívoca para quien pregunte qué significa ser un gerente (nivel). Lo mismo se aplica a cualquier posición porque la empresa es como una gran orquesta: si queremos que cada músico dé lo mejor de sí, de la manera adecuada y en el momento oportuno, todos deben conocer de antemano la partitura completa, no solo los fragmentos que corresponden a su instrumento.

El número de categorías y/o niveles depende de varios elementos: tamaño de la organización, importancia de los puestos, características culturales y demás. Sobre estos temas volveremos al referirnos a escalas de compensación.

Los puestos descriptos y evaluados deben ordenarse de acuerdo con el puntaje que cada uno ha sumado. Al finalizar el procedimiento, podríamos encontrarnos con que un gerente de Marketing sumó 1.726 puntos, y una recepcionista, 75. Ante esta amplitud, la pregunta obvia es dónde establecer los cortes de niveles y categorías, cómo agrupar los puestos. Mediante fórmulas[2] que definen rangos, cada uno de los cuales define una categoría. Así, el puesto evaluado pierde su condición de puntaje individual para transformarse en un elemento dentro de una categoría.

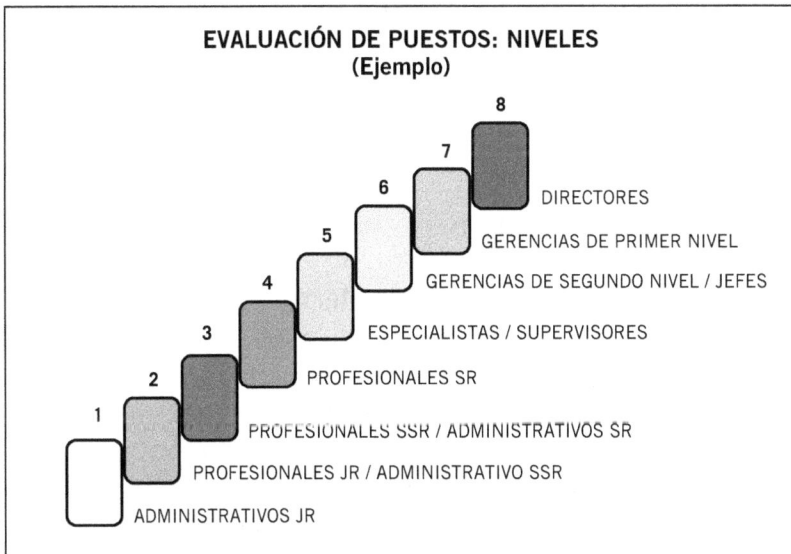

EVALUACIÓN DE PUESTOS: NIVELES
(Ejemplo)

8

7

6 DIRECTORES

5 GERENCIAS DE PRIMER NIVEL

4 GERENCIAS DE SEGUNDO NIVEL / JEFES

3 ESPECIALISTAS / SUPERVISORES

2 PROFESIONALES SR

1 PROFESIONALES SSR / ADMINISTRATIVOS SR

PROFESIONALES JR / ADMINISTRATIVO SSR

ADMINISTRATIVOS JR

Figura 21

La extraordinaria ventaja de todo este procedimiento es que permite simplificar la gestión de cientos de puestos

---

[2] Consultar el Anexo "Nociones de estadística".

133

(quizás cubiertos por miles de personas) en menos de diez categorías. Entonces, por ejemplo, si definimos la categoría 3 como la del rango de 171 a 250 puntos, cualquier puesto cuyo puntaje esté comprendido será administrado del mismo modo, sin importar si se trata de una posición de 193 o 235 puntos. Por supuesto, los usos prácticos de las categorías pueden ampliarse a toda la gestión de Recursos Humanos, además del tema remuneraciones.

La simplicidad no solo favorece a quien tiene que gestionar. También resulta positiva para el cliente interno porque brinda claridad objetiva sobre la posición relativa de su puesto con respecto a otros. Imaginemos que fuéramos un gerente de Capacitación que pertenece a la categoría 7 y reporta al gerente de Recursos Humanos, encuadrado en la categoría 8. Si supiéramos que la categoría máxima es la 9 (aplicada a los directores), tendríamos un panorama bastante cierto sobre cuál puede ser nuestro techo en la organización.

Recapitular para avanzar

Llegados a este punto, quizás el lector se pregunte dónde quedó nuestra promesa de sencillez en el tratamiento del tema de las compensaciones. Vale la pena mostrar mediante un ejemplo que no nos hemos traicionado.

Supongamos que hemos sido contratados por una organización que tiene 2.000 empleados. Como ha crecido mucho en los últimos dos años, necesita revisar su esquema de remuneraciones a fin de determinar si es el adecuado, si puede mejorarse o si está distorsionado.

1. Hacemos una descripción de puestos. Para ello, no nos ocuparemos de las personas que trabajan en la empresa, sino de detectar y relevar las distintas posiciones

que hay en la compañía según nombre, funciones y requerimientos Terminado el proceso de descripción, establecemos que los 2.000 empleados se reparten entre 180 puestos.

2. Evaluamos los puestos, ya sea de acuerdo con un manual de evaluación de puestos existente (de una gestión anterior, provisto por la casa matriz de la firma, etcétera) o uno diseñado a propósito (empleando los lineamientos que dimos un poco más arriba). Partimos de las descripciones (paso 1) para desagregarlas en factores. A su vez, graduamos la profundidad de impacto de cada uno de los factores en la descripción, cuantificándolos. La cuantificación nos permite definir la valoración relativa de cada puesto con respecto a los demás (el puesto de cadete suma 82 puntos; el de asistente de Directorio, 315; el de analista de Recursos Humanos, 340, y así con los 180 puestos detectados y relevados).

3. Con los valores surgidos de la evaluación, elaboramos una escala. Aplicando ciertas fórmulas, definimos rangos. Cada uno corresponderá a una categoría. Una empresa de gran envergadura, con una importante cantidad de puestos (y muchísimas más personas), puede demandar un máximo de 9 categorías para barrer todos los puestos evaluados.

¿Dónde quedó la sencillez? En que los procedimientos que describimos pueden permitirnos gestionar una plantilla de miles de empleados con unas pocas categorías (Figura 22). Esto significa, nada más y nada menos, diseñar un sistema integral de Recursos Humanos a partir de parámetros explícitos, racionalmente seleccionados y, por tanto, más objetivos.

EVALUACIÓN DE PUESTOS: MANUAL Y PROCESO

1. Definir el alcance de los puestos a evaluar.
2. Seleccionar y definir factores.
3. Ponderar los factores.
4. Seleccionar y definir los grados.
5. Puntuar los grados.
6. Proceso de evaluación.
7. Escala en puntos.

Figura 22

¿Hablamos de dinero? No, todavía no. Empezaremos a hacerlo recién en el próximo capítulo, cuando hablemos de encuestas de compensaciones o investigación de mercado, es decir, cuando salgamos a preguntar cuánto pagan nuestros competidores por los puestos (análogos por responsabilidades y funciones) comprendidos en nuestra categoría tal o cual. Con esa información, ahora sí, acerca de salarios, la escala de compensaciones con que cerramos este capítulo cobrará vida y veremos que todos los temas tratados (algunos, quizás, en apariencia de gran contenido teórico) nos servirán para responder a problemas muy concretos como, por ejemplo, cuánto debemos pagarle a nuestro analista de Caja o al supervisor de Liquidación de Sueldos.

A modo de síntesis

La evaluación de puestos se enfoca en el análisis de cada posición para fijar una banda salarial de acuerdo con parámetros explícitos. Su finalidad es construir un sistema de categorías que sirva para:

- establecer el valor relativo de cada posición existente;
- ubicar de manera adecuada nuevas posiciones;
- comparar las remuneraciones de la compañía con las que paga la competencia, y
- legitimar las diferencias salariales con mayor objetividad.

Entre los sistemas de evaluación de puestos, se distinguen los analíticos y los no analíticos, ya sea que se descomponga o no cada posición en funciones, responsabilidades y competencias necesarias para cubrirla.

Si bien existen sistemas estandarizados de evaluación de puestos, resulta ventajoso que cada organización cuente con uno diseñado a su medida para que las particularidades de su cultura y/o de su planteo estratégico sean consideradas adecuadamente. No obstante, cualquiera sea el elegido, el sistema debe siempre:

- permitir el estudio de todos los puestos a evaluar;
- resultar comprensible y aceptado por el personal, y
- ser preciso y fácil de instalar y entender.

El desarrollo del manual contempla siete pasos: definición del alcance de los puestos a evaluar, selección y definición de los factores de evaluación, ponderación de los factores, selección y definición de los grados de cada factor, puntuación de los grados, evaluación de los puestos y construcción de una escala en puntos.

Dado que la vida útil de un manual de evaluación de puestos varía entre 5 y 15 años, la inversión requerida para su elaboración puede siempre amortizarse.

CAPÍTULO V

INVESTIGACIÓN
DE MERCADO

La investigación de mercado o encuesta de compensaciones constituye la cuarta herramienta o práctica de gestión, después de la descripción de puestos, las evaluaciones y las escalas de categorías en puntos. Como veremos, la investigación de mercado sirve para traducir las escalas de puestos en salarios mediante una quinta herramienta, la escala de compensaciones.

Por lo general, los especialistas en Recursos Humanos pensamos que la investigación de mercado sirve solo para medir si estamos "pagando bien" los sueldos, es decir, si nuestro cliente (interno o externo) paga poco o mucho. El dato –se interpreta– indica qué probabilidad existe de que los talentos contratados permanezcan o se vayan.

Cuando una empresa compara con otras los sueldos que abona y afirma que son buenos, trata de señalar que los sueldos se encuentran entre los más altos del mercado, pero sin considerar que puede haber allí una trampa para los costos y, por ende, para el negocio. En cambio, cuando una investigación de mercado se emplea e interpreta en forma correcta, por medio de ella determinamos si la compañía paga los salarios adecuados al talento con que trabaja y a la estructura de costos que tiene.

Desde luego, un primer dato que nos brinda la investigación de mercado es la línea de pago. Con esta información, en principio, puede constatarse si los sueldos abonados están por debajo de la media (lo que indicaría la inminencia de pérdida de talentos) o muy por encima de los competidores (lo que restará, tarde o temprano, competitividad, sobre todo en los negocios con una gran incidencia de la mano de obra en los costos de la compañía). Veamos un caso.

En grandes empresas de consultoría como las *Big Four*[1], la mano de obra (incluidas las cargas sociales correspondientes) puede significar más del 50% de los costos de la compañía. ¿Esto qué significa? Que si alguna de esas grandes consultoras quisiera pagar salarios un 50% por encima de sus competidores, al cotizar sus servicios para un cliente, el impacto de la mano de obra le provocaría una pérdida de competitividad y, en consecuencia, también de la cuenta. Por eso, analizar los salarios solo para prevenir la fuga de talentos sin considerar la incidencia en los costos puede dejar a muchas organizaciones fuera del juego competitivo.

Un caso diferente lo brinda la industria automotriz. El impacto del costo de mano de obra en el precio de un vehículo varía entre el 5 y el 7%. Sin embargo, aun así, las firmas automotrices analizan detenidamente el costo de la mano de obra y lo comparan con el de la competencia porque no pueden permitir que los salarios superen ciertas ratios o indicadores internacionales.

Tanto un ejemplo como el otro nos confirman lo mismo: debemos tener siempre presente la doble lectura que exige la investigación de mercado: como argumento de retención

---

[1] Así son conocidas PricewaterhouseCoopers, Deloitte Touch Tohmatsu, Ernst & Young y KPMG.

(o expulsión) del talento y como factor que incrementa (o reduce) la competitividad.

Quiénes hacen investigación de mercado

La respuesta es sencilla: todos. Una investigación de mercado la hacen las grandes empresas y también las pequeñas, aunque digan que no compran esta clase de investigaciones ni realizan análisis propios, porque se ocupan de chequear en forma permanente esta información aprovechando la gran disponibilidad en bases de datos e, incluso, revisando las búsquedas que se publican. Por supuesto, esta clase de "investigaciones" de mercado poco o nada profesionales no son las que tratamos en la presente obra, pero entendemos que corresponde mencionarlas.

No solo todas las organizaciones investigan. Las personas lo hacen también a escala individual. Todas se comparan con colegas, cotejan su salario y sus condiciones laborales con la competencia. Incluso los dueños de las empresas y los gerentes generales comparan. Algunos lo hacen de un modo más formal, y otros, improvisado. De una forma u otra, todos lo hacen. En este cuadro, ¿qué sucede si la organización no cuenta con una herramienta profesional de relevamiento y medición de lo que sucede en el mercado?

Supongamos que un empleado lee los diarios del domingo en que se publican las principales búsquedas de la semana. Allí, una encuesta informa que el salario promedio para su posición se encuentra un 50% por encima del suyo. El lunes por la mañana, probablemente a primera hora, habla con su jefe sobre el tema y se queja de la remuneración que recibe. Inmediatamente, el jefe decide zanjar el problema ridiculizando la información que trajo el empleado. "*¿Dónde pagan ese dinero? Pero… ¡por favor! ¡Eso no es información*". Tal vez el empleado acepte la observación del jefe, pero contraataque: "*¿Qué información mejor tiene la empresa sobre lo que ofrece actualmente nuestro mercado?*". Si el jefe debe admitir que la compañía no puede darle datos más confiables, seguramente el empleado propondrá seguir hablando de esa "información de porquería" ya que, después de todo, es la única disponible.

Puede ocurrir que algunos empresarios o ciertas organizaciones no realicen investigación de mercado alguna, pero sus empleados muy probablemente la hagan de manera sistemática aunque no científicamente rigurosa. Las personas tratan de mantenerse actualizadas sobre la evolución del empleo y el salario. No lo hacen profesionalmente, sino de modo informal, consultando a un amigo, una vecina, un pariente o un compañero de la facultad. Así, establecen comparaciones, incluso entre posiciones y trabajos que nada tienen que ver. Pero eso no les importa.

La información respecto de la remuneración, correcta o no, que influye en la satisfacción o insatisfacción del empleado debe ser corregida y complementada con información genuina por la compañía, porque esta tiene la responsabilidad de fijar los salarios del personal. Por supuesto, una vez establecidos los salarios, las personas podrán elegir ingresar, permanecer o retirarse de la organización. Pero la fijación de salarios constituye un derecho y un deber de las empresas, y, para que sea ejercido y cumplido en forma cabal, conviene utilizar una herramienta que permita legitimar las políticas de salarios y las diferencias salariales. Al respecto, si las compañías no disponen de información confiable, se desenvolverán sin brújula.

Tamaño y madurez del mercado

Para investigar un mercado es preciso saber qué sucede con su tamaño y madurez. Si trabajamos en un gran centro urbano, tendremos la ventaja de que la cantidad de casos y los datos que estos nos pueden proporcionar serán suficientes para tomar decisiones o elaborar información confiable. Asimismo, podremos acceder con mayor facilidad al talento, aunque a veces resulte un poco más caro.

¿Qué pasa en los pequeños centros urbanos comparados con las grandes concentraciones de población? Una ciudad de 5.000, 10.000 o 15.000 habitantes puede ser inadecuada para realizar un análisis estadístico apropiado y, por lo tanto, deberemos recurrir a otros elementos para establecer la línea de pago del mercado. En sitios de esta clase, la estrategia debe ser distinta a sencillamente sobrepagar por el talento ("importado") que nuestro negocio demanda. En estos casos, es necesario buscar mecanismos alternativos para atraer al talento hacia nuestra locación como, por ejemplo, tomar gente mayor y, por lo tanto, con menor potencial; o personas muy jóvenes, de alto potencial, a los que podamos ofrecer un horizonte de desarrollo tentador.

La madurez del mercado refleja el buen criterio y la madurez de las empresas para compartir información en materia de salarios y compensaciones en su sentido más amplio. Como consultores, tuvimos la suerte de viajar a muchos países y conocer grandes corporaciones muy maduras a este respecto, incluso, cuando se trataba de compartir la información con aguerridos competidores por un mismo mercado. Entre esas firmas, lo que impera es el espíritu de *benchmarking*, de medirse con los mejores para mejorar las propias prácticas. La madurez permite que, sobre la base de la confianza en que nadie la empleará de manera equivocada, las compañías intercambien información directamente o mediante una consultora, guardiana de los datos y elaboradora de las estadísticas.

Alcanzar la madurez exige tiempo. Si en un centro urbano se instalaran dos fábricas automotrices en un breve período, resulta improbable que cooperen entre sí brindándose información sobre salarios durante los primeros años. Probablemente, más bien, se dediquen al comienzo a pelear por el talento disponible para llevar adelante sus negocios. En este marco, una encuesta de compensaciones destinada a comparar los salarios de esas empresas será una utopía porque exigiría entregar información (por ahora) muy clasificada. ¿Cuándo adquiere madurez el mercado? Cuando ha crecido, se ha desarrollado y las relaciones entre las partes permiten saber que ninguna empresa se valdría de la información conseguida para usarla contra la fuente que la proporcionó.

El concepto de *benchmarking* que mencionamos hace un momento sintetiza el interés de las organizaciones en compartir información sobre las mejores prácticas con el propósito de introducir mejoras en las propias a partir de compararse con compañías de un nivel similar. El interés lleva implícita la necesidad de mejorar y la capacidad de autocrítica suficiente como para saber si se está haciendo lo correcto.

Objetivos de la investigación de mercado

En primer lugar, la investigación de mercados o encuesta de compensaciones tiene por objetivo determinar el posicionamiento relativo de la compañía en materia de remuneraciones o salarios, de beneficios y de prácticas de pago. Esto significa que la investigación se elabora tomando como referencia el concepto de compensación total que se está llevando a la práctica en todo el mundo desde hace ya algunas décadas.

¿De qué habla el concepto de compensación o remuneración total? De que el salario no está conformado solamente por un básico, sino también por otros conceptos como, por ejemplo, los beneficios y otros elementos que surgen en las investigaciones de mercado o encuestas de compensaciones. De hecho, el salario de las personas se ha ido sofisticando gradualmente. Así, hace apenas 20 o 30 años, se componía del básico, los viáticos y la obra social. Hoy la compensación es mucho más compleja. Por eso, si al leer una investigación de mercado solo prestamos atención a la columna de los salarios básicos, estaremos cometiendo un error grave, dado que –como vimos oportunamente– existen muchos otros componentes de lo que llamamos remuneración total. Por esta razón, volvemos sobre estos temas a la hora de hablar sobre los objetivos de la investigación de mercado: para que, cuando la hagamos o leamos la información, no omitamos ítem remunerativo alguno.

ENCUESTA DE COMPENSACIONES: UNIVERSO RELEVANTE

Mercado general
COMPETIDORES POR RECURSOS HUMANOS

Mercado específico
COMPETIDORES POR NEGOCIOS

COMPAÑÍAS DE LAS QUE PROVIENEN O HACIA DONDE MIGRAN NUESTROS RECURSOS HUMANOS

COMPETIDORES DIRECTOS DEL NEGOCIO

Figura 23

El segundo objetivo de una encuesta de compensaciones o una investigación de mercado es facilitar la construcción y el mantenimiento de las escalas salariales. Al elaborar un manual de evaluación de puestos,[2] el producto

---

[2] Tema del capítulo anterior.

final se traduce en la creación de categorías. A cada una debe asignarse una banda salarial[3] para administrar las remuneraciones de nuestra gente. El rango de cada banda surgirá de la investigación de mercado.

Una herramienta estadística

La encuesta de remuneraciones provee una herramienta estadística. Para que así sea, los resultados no pueden ni deben analizarse en forma intuitiva, sino de acuerdo con un marco teórico a fin de que la información así trabajada pueda respaldar las decisiones que se adopten en materia de salarios. Cuando hacemos una investigación en los puestos y recogemos datos, no podemos analizarlos sin recurrir a conceptos estadísticos tales como promedio, promedio ponderado, mediana, cuartil, percentil y similares. Aritméticos o estadísticos, estos conceptos facilitan la interpretación y el establecimiento de una línea de pago y la toma de decisiones. Como recurso, marcan una diferencia significativa entre la conducta de una compañía y la de una persona.

Mientras que esta compara su salario con un dato aislado pero que la favorece, las organizaciones recurren a las encuestas para asegurarse el rigor estadístico de la información en que fundamenta su proceder.[4]

Información relevante

La realización de una investigación de mercado o encuesta de compensaciones nos exige claridad con respecto a

---

[3] Tema del capítulo próximo.
[4] Sugerimos consultar el Anexo "Nociones de estadística".

qué queremos saber. Encarar una investigación exhaustiva (ya sea que trabajemos en el área de Recursos Humanos de una empresa o que estemos prestando el servicio como consultores externos) implica cumplir siete pasos: el diseño de los objetivos de la encuesta, el diseño general de la encuesta (que, a su vez, incluye la elección de las posiciones, el mercado y los beneficios y las prácticas a relevar), la invitación a participar dirigida al mercado, el relevamiento de la información, el análisis y la evaluación de los datos a través de su procesamiento, la presentación de los resultados a los directivos de la compañía y la devolución de resultados a las demás empresas participantes.

Por supuesto, pueden elaborarse investigaciones más simples. Pero, pensando aquello de "quien puede lo más, puede lo menos", consideramos que la comprensión de los casos más complejos habilitará al lector para diseñar encuestas con el nivel de sofisticación que le resulte adecuado.

A continuación, presentaremos la investigación paso por paso.

Primer paso: fijación de los objetivos

Es el paso más importante y, sin embargo, no suele tomarse muy en cuenta. Hacer una investigación de mercado es como construir una casa: si sabemos qué modelo terminado queremos, esa meta impactará en todo el proyecto desde sus cimientos.

En ocasiones, la investigación surge de una presión interna aplicada por el personal que desea un aumento de sueldo. Ante esta situación, deberíamos preguntarnos qué sueldos queremos investigar, sobre qué prácticas deseamos saber más, etcétera.

Segundo paso: diseño general de la encuesta

La herramienta se elige de acuerdo con lo que se desee averiguar, es decir, según la sofisticación de los datos a relevar. Por ejemplo, si queremos saber si el Jueves Santo se trabaja, bastará con una serie de llamadas telefónicas a las empresas amigas y, una vez obtenidas las respuestas, elevaremos a la Gerencia General que nos contrata la información pertinente y nuestra recomendación como especialistas.

En cambio, si quisiéramos introducir modificaciones en nuestro servicio de comedor no sería suficiente (aunque sí, necesario) llamar a las empresas amigas. Precisaríamos, además, hacer un análisis de costos, servicios y calidades así como probablemente también, solicitar a los gerentes de Recursos Humanos de otras organizaciones que nos inviten a comer a sus plantas para ver cómo son las instalaciones y el servicio de comida. Como puede apreciarse, el objetivo de mejora de nuestro comedor nos impone un análisis profundo de la calidad propia y ajena siguiendo un diseño apropiado para la consecución del objetivo que nos planteamos.

Como anticipamos, el diseño general incluye la elección de las posiciones, el mercado, y los beneficios y las prácticas a relevar. Con respecto a los puestos, todo depende de cuáles sean los problemas detectados o qué se quiera averiguar. Por ejemplo, dificultades con el personal operativo, adecuación de la remuneración que perciben los jefes, profesionalidad suficiente de gerentes y directores, y otras inquietudes similares.

Para elegir las posiciones a relevar, conviene comenzar por efectuar un corte por niveles, desde los de liderazgo hacia los operativos. Según el propósito del análisis, también puede practicarse un corte por áreas (Marketing, Ventas, Producción, Finanzas y demás).

A su vez, esta elección de los puestos determina el mercado a relevar y, por extensión, cómo construiremos la muestra. Al respecto, vale la pena detenerse un poco y preguntarse qué empresas queremos estudiar e imitar.

Por ejemplo, si estuviéramos elaborando una encuesta sobre personal operativo, probablemente nos circunscribiríamos a un radio no mayor a 20 o 30 kilómetros alrededor de la planta, ya que cabe suponer que el personal operativo no se trasladaría más allá de esas distancias. Asimismo, tomaríamos como referencia los costos de vida de las zonas de residencia de nuestra gente. En cambio, si la encuesta se centrara en personal profesional, gerencia media o ejecutivos, el radio del recorte será mayor. ¿Por qué? Porque resulta verosímil que estén dispuestos a viajar más de 20 kilómetros ya que la compañía podría ofrecerles un servicio especial de traslado o el pago de un adicional en concepto de movilidad. Por lo tanto, para el investigador, es tan relevante determinar los puestos que desea estudiar como el lugar adonde irá a buscarlos.

Conviene señalar que las organizaciones compiten en los mercados por los recursos humanos. Cuando nos comparamos mediante una investigación, no debemos focalizarnos en las empresas sino en el talento que las mueve. Desde luego, una cosa está vinculada con la otra. En ocasiones, encontrar las compañías apropiadas para hacer la investigación se torna difícil, o bie, porque no las hay en número suficiente, o bien porque no es posible establecer analogías válidas que nos habiliten a extrapolar después los resultados.

Supongamos que podemos acceder a seis o siete empresas que desarrollan la misma actividad que nosotros. ¿La cantidad puede considerarse representativa del universo que buscamos estudiar? No. Con ese número, algunas posiciones a investigar no estarán ilustradas más que por un puñado de casos. ¿Cuántas secretarias de Presidencia tendremos para comparar? ¿Cuántos gerentes de Producción? Una muestra así no será representativa desde el punto de vista estadístico. Por lo tanto, debemos ampliarla con organizaciones que, por negocio, rentabilidad y/o recursos humanos sean asimilables a nuestra empresa. Una muestra de automotrices, por ejemplo, podría extenderse incorporando empresas autopartistas, ya que estas, aunque no comparten exactamente el negocio, sí compiten con las firmas de fabricantes de automóviles por el mismo tipo de talento.

El rango para que el análisis sea estadísticamente confiable se ubica entre 10 y 15 casos. Con menos, la muestra carecerá de rigor, y con más, la información puede diluirse. El rango señalado, en cambio, permite reconstruir un panorama nutrido y una segmentación adecuada.

Al respecto, la segmentación resulta clave para evitar uno de los principales errores que se pueden cometer en el tema de compensaciones: mezclar en un mismo grupo empresas de diferentes niveles, políticas y negocios. Una compañía de tarjeta de crédito y un banco pueden compararse, una empresa metalúrgica y una farmacéutica, no.

Redondeando el complejo tema de la muestra, agreguemos que existen dos grandes mercados a considerar: el general y el específico. El primero está conformado por todas las empresas que funcionan en el mismo centro urbano que nosotros. El segundo, en cambio, por las empresas con que compartimos centro urbano, tipo de negocio, características estructurales y talentos.

Supongamos que ya decidimos qué puestos investigar y entre quiénes hacerlo. Así, para investigar operarios de planta, seleccionaremos empresas con estructura de fabricación similar y, para analizar posiciones de marketing de alta rotación o con niveles significativos de queja interna, nos focalizaremos en el funcionamiento de los mismos puestos o similares en compañías análogas a la nuestra por estilo, marca, diseño organizacional, etcétera.

Ahora debemos establecer qué vamos a medir. ¿Qué les preguntamos a las empresas que incluimos en la muestra?

¿Sobre precios? ¿Sobre beneficios? ¿Cuáles beneficios? ¿Las interrogaremos sobre prácticas de Recursos Humanos? La investigación constituye una oportunidad privilegiada para aprender y tanto más rica y provechosa resultará la experiencia cuanto más claro e internalizado tengamos el concepto de compensación total (revisar cuándo se menciona por primera vez), recordando siempre que seremos competitivos para conseguir talento no solo por el nivel de los salarios abonados sino también por beneficios y prácticas (entre otros, beneficios flexibles, facilidades de horarios, actividades de capacitación, programas de desarrollo, evaluaciones de desempeño, pagos adicionales ligados al mérito o a la consecución de objetivos).

Tercer paso: invitación al mercado

Resultaría natural que el lector, llegado a este punto, comience a interrogarse si las empresas a investigar aceptarán hacerlo y –más importante todavía– nos darán información fehaciente. Definitivamente, la respuesta a estas preguntas depende de la madurez del mercado y de las buenas prácticas que la organización que investiga y la firma invitada establecieron.

Es necesario distinguir entre compañías competidoras y compañías enemigas. Los bancos brindan un ejemplo excelente: compiten, pero no son enemigos. Compiten por brindar servicios financieros, pero mantienen buenas relaciones, gestadas, enriquecidas y consolidadas en el transcurso de los años. Por eso, pueden intercambiar información no solo sobre sueldos y/o beneficios, sino también con respecto a prácticas de pago, políticas de incentivos, etcétera.

Sea la organización interesada, una empresa especializada o una consultora contratada al efecto, quien diseña la encuesta debe encargarse de convocar a participar. Lo mejor es hacer una invitación formal, mediante una carta o nota, que explique con claridad la finalidad del estudio y cómo se tratarán los datos. Resulta imprescindible incluir una garantía de tratamiento confidencial de la información, así como un compromiso de compartir –a título gratuito– la información obtenida. Huelga agregar que debe agradecerse de antemano la información que los participantes proveerán.

Una investigación de mercado constituye una estupenda oportunidad para forjar vínculos con otras compañías, creando un canal de comunicación que puede utilizarse también para otros fines, por ejemplo, compartir referencias laborales.

Cuarto paso: relevamiento de la información

De acuerdo con nuestra experiencia profesional, el relevamiento propiamente dicho constituye el momento más importante de una investigación de mercado, exigiéndonos gran atención y mucho rigor metodológico. ¿Por qué? Porque al comparar un puesto con otro o una función con otra, queremos tener la certeza de estar hablando de las mismas cosas.

¿La secretaria del presidente de una empresa puede compararse con otra que se desempeña en una organización cuya facturación y población son seis veces mayores? Evidentemente, no. ¿Dónde se detectan esas diferencias? En el relevamiento personal, en el *matching*.

El *matching* lo realiza un profesional que, por una parte, cuenta con información suficiente sobre las características del puesto bajo estudio en la empresa competidora y, por otra, sabe cuáles son las funciones atribuidas en la descripción de puestos que hizo la compañía que lidera la investigación. Hay que comparar puesto con puesto, organigrama con organigrama, para identificar correctamente la posición a estudiar sin dejarse confundir por una simple coincidencia de nombres u homonimia.

Es claro que el puesto de un analista de costos, una recepcionista o un empleado de mensajería se llamará del mismo modo en cualquier empresa, sin importar su tamaño. Pero cuando se habla de un gerente de Contabilidad General resulta crítico analizar el organigrama y determinar a quién reporta, quiénes dependen de él, cuál es su ámbito o *scope* de responsabilidad, qué números maneja, cuál es la importancia relativa del puesto, etcétera. Si el relevamiento no se hace de manera personal sino por teléfono o correo electrónico, solo intercambiaríamos datos acerca de un nombre (el que con mayor o menor pertinencia se dio al puesto) que tal vez no coincida con la "cosa" a relevar (la posición). Otra vez, recurriendo a nuestra experiencia profesional, afirmamos: esto se previene con el relevamiento personal.

El relevamiento personal es algo así como "el momento de la verdad". Realizarlo demanda entre una y tres horas, razón por la cual es desaconsejable encarar una encuesta de compensaciones para 150 puestos: ningún analista de las empresas participantes podrá dedicarnos las horas necesarias para analizar cada uno. ¿Cómo salvar este problema? Eligiendo de nuestra escala de puestos (tema del capítulo anterior) los más representativos de cada categoría, banda o escala.

Después, los puestos se transforman en promedios por banda para, a partir de estos, obtener promedios por categoría. Así, la encuesta de compensaciones requerirá investigar un máximo de 40 o 50 puestos. Una cifra superior, además de insumir mucho tiempo, nos haría perder sensibilidad respecto de cada caso.

Quinto paso: procesamiento de datos

El procesamiento supone el análisis y la evaluación de la información relevada. En esta etapa, los datos se organizan bajo tres conceptos: salario básico, compensación efectiva y compensación total.

- **Salario básico.** Corresponde al que está percibiendo el empleado en el momento del relevamiento. Por ejemplo, si estamos entrevistando a un gerente de Contabilidad General comparable con el de nuestra empresa,[5] le preguntaremos, en primer lugar, su sueldo básico. En segundo término, cuándo tuvo el último ajuste o aumento salarial. Esto lo haremos a fin de considerar el impacto de los procesos inflacionarios: cuando la inflación sea menor del 6% anual, el fenómeno no será significativo; si superara ese porcentaje, será necesario hacer la corrección apropiada para retrotraer el valor al momento que hemos elegido para comparar esa posición en todas las compañías estudiadas.
  Una vez que nos informen el sueldo básico, preguntaremos por las compensaciones variables, esto es, participaciones a riesgo de cobro. ¿Cómo considerar la compensación variable? ¿Cómo cotizar, por ejemplo, un bono? Hay dos maneras: por su valor *target* y por su valor real. El valor *target* es la variación de la compensación que se daría si el empleado cumpliera el 100% de sus objetivos. Por lo general, se cotiza en cifras equivalentes a sueldos adicionales. Así, el valor *target* equivale a un valor hipotético. El valor real, en cambio, equivale a los últimos variables que el empleado cobró efectivamente por objetivos cumplidos.

---

[5] Aunque su puesto se llame de otro modo.

¿Cuál de estos valores tomar en cuenta? Depende de las diferencias existentes entre uno y otro. En muchas empresas, la brecha es muy pequeña porque detrás de la fijación de los bonos existe un plan de negocios. Pero cuando esto no sucede y el devenir económico se desvía de lo previsto, las cosas cambian: si hubo crisis, los bonos quedan impagos total o parcialmente; si hubo crecimiento desmedido, los dos sueldos extras previstos se convierten en cinco.

No obstante, tome los valores reales o los valores *target*, quien realice la encuesta de compensaciones debe aplicar el mismo criterio de análisis a todas las compañías. Por lo tanto, a la hora de definir el diseño, debe decidir con qué valor realizará la encuesta y respetar esa consigna durante todo el proceso. Algo similar debe hacerse con respecto a los beneficios.

- **Compensación efectiva.** Resulta de sumar el salario básico (ajustado o no, según corresponda) y todas las compensaciones variables (a valor *target* o real, según haya decidido el analista) que ha recibido o recibirá el encuestado (bonos, comisiones, premios, incentivos y similares).

- **Compensación total.** Se obtiene sumando la compensación efectiva y todos los beneficios analizados y seleccionados al diseñar la encuesta. Los beneficios incluyen, por ejemplo, la disposición y el uso de un automóvil, vacaciones adicionales, acceso al comedor de la empresa, servicios de medicina prepaga, etcétera. La característica distintiva de los beneficios es que exceden las disposiciones legales generales y/o lo dispuesto por las convenciones colectivas de trabajo, es decir, constituyen ventajas otorgadas voluntariamente por la compañía.

Sexto paso: presentación de los resultados

Una vez analizada la información de mercado (obtenida mediante una encuesta a medida o a través del análisis de encuestas compradas), los resultados del trabajo deben ser presentados ante quienes toman las decisiones (directores, gerentes generales) junto con información estadística elaborada.

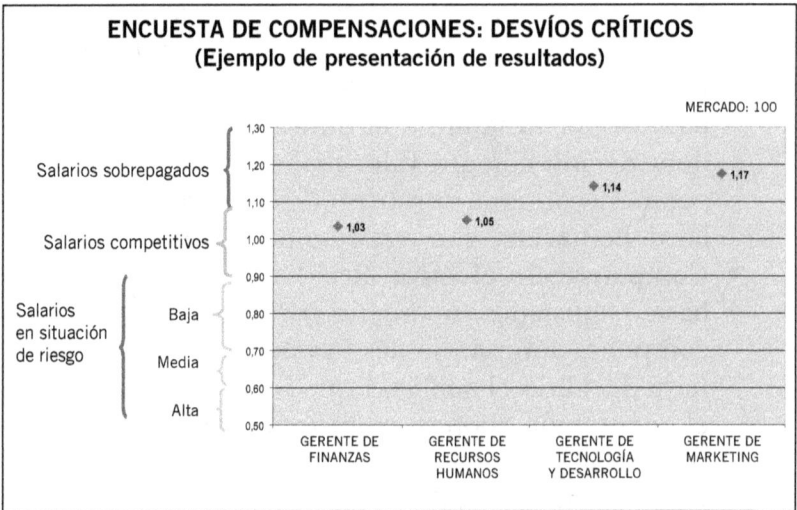

Figura 24

A propósito, conviene recordar que, cuanto mayor sea el nivel jerárquico de nuestros interlocutores, menos tiempo nos concederán para realizar la presentación. Por eso, es muy importante que los profesionales de Recursos Humanos evitemos abundar en los pormenores del proceso de elaboración. Explotemos la oportunidad para comunicar los principales resultados de nuestra investigación por medio de gráficos sencillos y datos estadísticos sobresalientes a fin de aportar valor auténtico a la toma de decisiones.

Séptimo paso: devolución a los participantes

Se aplica solo si la empresa lidera la encuesta de compensaciones. Además de que el gesto significa cumplir con el compromiso asumido al cursar la invitación a los participantes, la devolución permite dejar abierto un canal de comunicación, tanto para una próxima encuesta como para generar una rutina de intercambio de novedades sobre temas de compensaciones.

ENCUESTA DE COMPENSACIONES: ETAPAS

1. Fijación de objetivos.
2. Diseño general de la encuesta:
   a) elección de posiciones a relevar;
   b) selección del mercado, y
   c) beneficios y prácticas a estudiar (niveles de análisis).
3. Invitación al mercado.
4. Relevamiento de la información.
5. Procesamiento de datos.
6. Presentación de los resultados.
7. Devolución a los participantes.

Figura 25

La devolución debe organizarse como información estadística, respetando los compromisos de confidencialidad asumidos y los plazos prometidos, sobre todo allí donde las cuestiones inflacionarias tienen un impacto significativo en cuestiones de remuneración.

Definición de beneficios

Los beneficios son prestaciones o servicios en especie brindados por las organizaciones, principalmente destinados a complementar el ingreso habitual de los empleados. Los dos objetivos más importantes que suelen impulsar la incorporación de los beneficios al esquema de compensaciones son:

- asimilar las prácticas para atraer y retener talentos de la empresa a las de sus competidoras, y
- reducir la carga tributaria en las compensaciones aunque, con el correr de los años, los Estados han incrementado su presión también sobre los beneficios.

La mayoría de las legislaciones laborales de América Latina incluyen capítulos relacionados con los beneficios. Por lo general, se los define como conceptos no remunerativos, no acumulables y no sustituibles por dinero, que tienen por objeto mejorar la calidad de vida del empleado y de la familia a su cargo.

Cabe preguntarse si los beneficios podrían retirarse sin consecuencias legales adversas. De hecho, ninguna legislación avala la quita de beneficios, como tampoco la reducción del salario. No obstante, existen numerosos antecedentes, asociados a épocas de crisis, de empresas que han tomado estas medidas –tan duras como poco populares– a fin de atravesar la coyuntura y mantener la operación hasta subsanar los problemas más graves.

Más allá de las razones particulares de cada organización, los beneficios constituyen hoy una realidad extendida y, como especialistas en remuneraciones, es nuestra responsabilidad conocerla y aprender a gestionarla.

Los beneficios son una parte importante de la estrategia de pago. En el marco de una investigación de mercado o encuesta de compensaciones, se consideran beneficios los conceptos que reúnen las siguientes características:

- Exceden la obligatoriedad del marco legal o de la convención colectiva de trabajo correspondiente, es decir, se otorgan voluntariamente. Claro está que hay ventajas, facilidades y demás exigidas por la legislación que significan importantes "beneficios" para el trabajador como, por ejemplo, el horario especial para la madre de un lactante. Pero no constituyen beneficios en sentido propio.

- No se relacionan ni son requisitos o herramientas para el desempeño de la función. La provisión de un uniforme para la cajera o la asignación de un teléfono celular al vendedor que visita a los clientes de la compañía representan comodidades y hasta ahorros para el empleado. Pero es obvio que sirven, prioritariamente, al papel que ellos deben cumplir en sus respectivos puestos.

- El otorgamiento está respaldado por políticas o prácticas claras y estables. Supongamos que un gerente, al negociar su ingreso a la organización, pactó una semana adicional de vacaciones a las previstas por la ley para esa posición. Si esa licencia no se aplica a todos los gerentes de ese nivel, no debe considerarse un beneficio, sino una condición negociada por la empresa con una persona, no una decisión adoptada respecto de la posición que ocupa.

- Existe habitualidad. Ya hemos señalado que la quita de beneficios (así como la reducción del salario) no está permitida por la mayoría de las legislaciones. Pero hay concesiones (por ejemplo, un sorteo de premios en la fiesta de fin de año de la compañía) que no llegan a convertirse en beneficios porque se dan una o pocas veces, sin llegar a repetirse sistemáticamente. Por lo tanto, no pueden considerarse beneficios.

Así, en un sentido técnico propio de los Recursos Humanos, el término "beneficio" señala un valor agregado a la compensación por la organización (*motu proprio*, no necesario para el desempeño de la posición, instaurado en el marco de una política o programa, brindado habitualmente) para neutralizar a sus competidores y/o diferenciarse de ellos en la lucha por atraer y retener talento. A continuación, presentamos algunos ejemplos.

- Automóvil (en diversas modalidades y con los gastos asociados), cuando no corresponde a una práctica de trabajo orientada por el puesto.
- Provisión de comidas (comidas, refrigerios y similares, en instalaciones propias o contratadas).
- Préstamos (personales, para comprar vivienda o afrontar emergencias).
- Licencias extraordinarias (como vacaciones o licencias especiales).
- Servicios médicos (adicionales, de calidad superior o de mayor cobertura que los obligatorios por ley).
- Seguro de vida.
- Plan de retiro y plan de pensión (adicionales a los obligatorios por ley).
- Acceso gratuito a productos de la compañía.

Beneficios cuantificables

Para calcular la compensación total de un empleado, debemos conocer la compensación efectiva percibida (salario básico más los conceptos variables) y sumarle los beneficios.

¿Pueden cuantificarse los beneficios? ¿Cuantificamos según el costo que tendría para el empleado acceder por sus medios al beneficio o según el costo que tiene para la empresa? ¿Qué criterio conviene aplicar para obtener un resultado confiable y aceptable para las partes involucradas? ¿Cuál es el propósito de conocer el impacto de los beneficios en la economía de los empleados? ¿Y en la economía de la empresa?

La cuantificación ayuda al empleado a valuar el ahorro que el beneficio significa para su economía, así como a conocer el costo que afronta la compañía al proporcionarle determinada prestación. Para el empresario, la cuantificación le informa cuál es el costo de los beneficios para calcular si, como inversión, pueden ser y son retribuidos en desempeño y resultados por el empleado.

La mayoría de los beneficios, no todos, permiten ser cuantificados. Podemos determinar con claridad el valor de una semana adicional de vacaciones o la provisión de un automóvil, pero otros conceptos escapan a la cuantificación o, por lo menos, relativizan su confiabilidad. Cuando nos encontramos frente a este último caso, es preferible renunciar a la cuantificación antes que elaborar un número que no goce de legitimidad ni para la empresa ni para sus integrantes.

Cuando se lleva adelante una investigación de mercado, es preciso tener en cuenta tres cuestiones metodológicas claves: *grossing up*[6] de los beneficios, costo considerado y criterio de cuantificación aplicado a todas las compañías estudiadas.

- *Grossing up.* Una importante decisión metodológica, al hacer la encuesta o investigación, es si consideraremos valores brutos (es decir, antes de que se les aplique cualquier descuento impositivo y/o previsional) o netos (o líquidos, como se dice en algunos lugares). En ambos casos, el valor corresponderá a la suma de dinero bruta o neta (según se haya elegido), mensual y habitual que percibe[7] la persona que desempeña una determinada posición. A su vez, para calcular la

---

[6] La expresión no tiene un equivalente exacto en español y, por lo general, se la emplea directamente en inglés. El concepto se explica unas líneas más adelante.

[7] En la mayoría de los países latinoamericanos, la unidad de tiempo tomada como referencia es el mes. En otros, el año.

compensación total, debemos adicionar los beneficios, calculados como valor bruto[8] o neto según hayamos tomado la compensación mensual como bruta o neta.

- **Costos considerados.** Los beneficios pueden cuantificarse tomando en cuenta los costos de contratación masiva que tendría la empresa, o bien, los costos de contratación individuales que debería afrontar el empleado.

  El primer criterio lleva implícita la estructura de costos interna de la organización encuestada. Por ejemplo, el costo del comedor calculado por persona en una planta industrial con 3.000 empleados resultará sensiblemente menor que en una oficina con 50 trabajadores. Por lo tanto, si comparáramos, sin más, ambos valores del beneficio, las conclusiones extraídas estarían distorsionadas. En consecuencia, en estos casos, conviene tomar los costos individuales que debería afrontar el empleado por un servicio de almuerzo a fin de evitar que el tamaño de la plantilla impacte en el valor del beneficio.

  Conviene agregar que cuando buscamos conocer el impacto de los beneficios en la motivación y la buena disposición de los trabajadores, lo que debemos evaluar es el costo que tendrían para el personal si tuviera que adquirirlos o contratarlos por sus propios medios. Si bien se trata de un ejercicio hipotético, lo que intentamos conocer es el efecto de los beneficios en la economía de cada colaborador.

- **Criterio de cuantificación.** Cualquiera sea el que adoptemos, debemos asegurarnos de aplicarlo de

---

[8] Si la información que nos fue provista es el valor neto del beneficio pero queremos sumarlo a un valor de remuneración mensual bruta, debe adicionarse al valor del beneficio una supuesta carga tributaria.

manera uniforme, común, homogénea, es decir, debemos construir un patrón de comparación. La encuesta de remuneraciones no pretende conocer valores *per se*, sino comparar el posicionamiento relativo de los salarios. Porque a la hora de establecer una estrategia de remuneración, no importa tanto cuánto gana tal o cual puesto, sino qué representa esa cifra comparada –por ejemplo– con una mediana de mercado. De este modo, lo que obtenemos es un número índice.

Juntos pero no mezclados

Un aspecto que debe cuidarse en todo momento es que el volumen de los beneficios guarde una relación adecuada con el salario. El beneficio siempre complementa al salario, nunca sustituye ni reemplaza la remuneración básica. El salario básico es siempre la parte más importante de la remuneración de la mayoría de las personas que trabajan en una empresa. ¿Por qué? Porque el salario básico otorga al individuo previsibilidad sobre su presupuesto mensual o anual y, por ende, sobre sus futuros gastos. Es lo que le permite decidir si enviará a sus hijos a cierta universidad, si solicitará un crédito hipotecario, si tomará clases de inglés o contratará un servicio privado de cobertura médica.

Dado que la remuneración es estratégica –porque el salario se contabiliza como resultado negativo, tal como lo señalamos en el capítulo sobre descripción de puestos–, algunas organizaciones intentan suplir salario básico con beneficios. Pero este procedimiento, lejos de acercar una solución que reduzca ese resultado, introduce un elemento que distorsiona el contrato laboral. Por lo general, cuando un sueldo es bajo y los beneficios son normales, suele aparecer el reclamo de un salario mayor. Cuando la empresa contraoferta beneficios altos ante el reclamo de empleados que perciben un sueldo bajo, la gente los rechaza y pide que se los cambien por dinero adicional, ya que quien reclama más salario quiere mayor disponibilidad económica para acceder a lo que él o ella desea, no más acuerdos de descuento en una tienda o pases para acceder a un club. De este modo, los beneficios –que, insistimos, constituyen una excelente alternativa para incrementar la compensación total y direccionar al personal– terminan por volverse en contra de los propósitos estratégicos de la compañía. En definitiva, hay que respetar el carácter complementario del beneficio y no sustitutivo.

Durante la década de 1980, una empresa de telefonía pagaba sueldos bajos y así los percibía su personal. Para un 21 de septiembre, día del comienzo de la primavera en el hemisferio sur, el gerente de Recursos Humanos decidió cambiar el menú del comedor de la planta, decorarlo de una manera especial y obsequiar flores a las empleadas. Si bien mucha gente lo valoró, gran cantidad de empleados se dirigieron abiertamente a Recursos Humanos para manifestar que hubieran preferido que se les diera en mano el dinero del festejo en vez de que se gastara en las acciones ideadas por la gerencia. ¿Qué evidencia esta anécdota? Que cuando las personas sienten que el beneficio está sustituyendo y no complementando, se sienten engañadas, no alentadas a la superación o al logro de metas, o no reconocidas por una actuación destacada.

Beneficios no cuantificables

Son aquellos cuya percepción resulta muy subjetiva (incluso para el empleado) y su impacto en la economía individual es muy difícil de medir. Por estas razones, no tiene sentido pretender otorgarles un valor en dinero.

¿Qué hacer en este caso? Comunicar y sensibilizar a nuestra gente para que aprecie y aproveche también estos beneficios. Es responsabilidad del área de Recursos Humanos promover que se tome conciencia de la existencia de cada uno de ellos y, hasta donde sea posible, les reconozcan un valor. Entre los beneficios no cuantificables cabe mencionar los siguientes:

- Capacitación (para el empleado).
- Educación para el grupo familiar (a través de becas para los niños, provisión de útiles escolares, etcétera).
- Actividades culturales y sociales (participación en eventos y celebraciones).
- Actividades deportivas (gimnasio dentro o fuera de la empresa, integración a equipos deportivos).
- Revista de circulación interna de la empresa.

A estos, quisiéramos agregar, de manera destacada, el siguiente conjunto de beneficios no cuantificables que, para muchos, no forman parte de la retribución a las personas Y, sin embargo, constituyen un elemento muy importante a la hora de atraer y retener al personal.

- Plan de carrera.
- Proyecto asignado.
- Perspectiva de desarrollo local e internacional.
- Recursos asignados.
- Teletrabajo.
- Banco de horas.
- Horario flexible.
- Seguridad laboral.
- Lugar de trabajo.
- Empresa en general (prestigio, marcas, espacio físico, distancia al domicilio).

Beneficios flexibles

Constituyen la práctica que más ha crecido en los últimos años, impulsada por el interés de las organizaciones en satisfacer a su personal mediante el otorgamiento de prestaciones acordes con sus intereses y expectativas particulares. Como veremos, el éxito de los beneficios flexibles reside principalmente en el diseño del sistema y en la selección atenta de los beneficios que se ofrecerán.

El primer paso consiste en analizar la población a servir con el propósito de segmentarla de acuerdo con sus intereses personales. Para esto, la encuesta de opinión constituye una herramienta sumamente útil. En ella, se solicitará a cada empleado que exprese sus preferencias respecto de una lista de beneficios actuales o que podrían implementarse en un futuro próximo.

La práctica profesional nos ha permitido conocer variadas experiencias de beneficios flexibles. En la década del 90, por ejemplo, asesoramos sobre el tema a una empresa de alta tecnología que participaba de un mercado muy competitivo y en franco crecimiento. Las últimas encuestas habían arrojado la necesidad de otorgar un automóvil de la compañía, con los gastos pagos, para el nivel de los gerentes de área, quienes reportaban a los directores los cuales, al igual que el director general, ya recibían ese beneficio.

Incorporar a esta franja de gerentes suponía incluir a casi 30 personas. La empresa negoció la provisión de los vehículos con una compañía automotriz y su red de concesionarios. Al cabo de tres semanas, todas las unidades habían sido retiradas de los concesionarios excepto una. Cuando se identificó al destinatario del vehículo, le preguntaron por qué se había demorado con el retiro. "*No sé conducir*", fue la lacónica respuesta.

Inmediatamente, la empresa propuso pagarle un curso de capacitación para que obtuviera su licencia, pero para sorpresa de muchos, el gerente, después de agradecer el gesto, explicó: "*No conduzco vehículos porque no me interesa. No quiero tener problemas de estacionamiento, ni de seguridad, ni de accidentes, ni nada de eso. Vivo cerca de la compañía y viajo muy rápido usando el subterráneo. En todo caso, me gustaría que se me reemplace ese beneficio por otro*". Y así fue.

Parece increíble, ¿verdad? Pero es cierto. Este caso –que dudamos volver a observar– nos llama la atención con respecto a la necesidad de conocer y analizar al público objetivo (*target*) antes de diseñar cualquier clase de programa de beneficios. ¿Será valorado por el cliente interno elegido como *target* que la empresa invierta 2.500 dólares anuales por cada empleado en un programa de retiro que mejorará sus ingresos jubilatorios? Si el promedio es 30 años de edad, seguramente no. Lo más probable, incluso, es que los destinatarios del beneficio soliciten que se les entregue ese dinero en efectivo, aunque eso implique afrontar una retención impositiva importante.

Los beneficios flexibles representan un dispositivo con mucho potencial para la gestión del personal. Por eso, volveremos sobre el tema al tratar las nuevas prácticas en compensaciones y Recursos Humanos.

Sobre los beneficios y su comunicación

El uso de los beneficios depende de una decisión de su destinatario. Dado que para la compañía representan un esfuerzo de recursos invertidos, consideramos imprescindible que el área de Recursos Humanos asuma la responsabilidad de generar una valoración de los beneficios a través de una comunicación eficiente y sostenida. Nadie necesita que le recuerden que cobre y disponga de su sueldo. Pero no ocurre lo mismo con los beneficios, algunos de los cuales, por su naturaleza, si no se aprovechan oportunamente, se pierden.

167

"Mi empresa tiene contratada una red de gimnasios. Son centros de primer nivel, adonde puedo ir en cualquier día y horario, aun los fines de semana. No tengo que pagar nada, ni siquiera las clases especiales de entrenadores personalizados". Este relato pertenece a Lucía, empleada de una importante corporación internacional. Cuando consulté al área de Recursos Humanos sobre el grado de aceptación alcanzado por el beneficio, me informaron que era del 12%. Solo el 12% (¡12%!) de los beneficiados utilizaba los servicios de la cadena de gimnasios. Resulta evidente que el diseño que originó la instalación de esta práctica no fue lo suficientemente estudiado, o que el proceso de comunicación se agotó en el lanzamiento y no continuó en el tiempo.

El ejemplo es real y análogo a muchos otros donde, una vez instalados los beneficios, no se promocionan lo suficiente o no se hace el seguimiento de su utilización. En consecuencia, terminamos frente a la peor ecuación: la empresa afronta un costo fijo (que podría aplicar a otros servicios) y el personal no lo disfruta. ¿Y si incorporáramos un control sistemático del nivel de satisfacción? ¿O de uso de cada beneficio? Sería bueno, ¿no?

A modo de síntesis

La investigación de mercado articula la traducción de la evaluación de puestos (Capítulo IV) en una escala de compensaciones (Capítulo VI). Mediante esta herramienta, puede establecerse un parámetro adecuado para medir la competitividad externa y legitimar las remuneraciones, los beneficios (cuantificables y no cuantificables) y las prácticas de pago.

Mientras que no todas las organizaciones realizan investigaciones de mercado, la mayoría de las personas sí lo hace, aunque de manera informal. A pesar de que esa información es, por lo general, poco rigurosa, logra un alto impacto en la atracción, motivación y retención del talento. Por eso, es importante que sea corregida y complementada con información genuina provista por la compañía.

La madurez del mercado en que participa la organización, así como el hábito de medirse con pares y líderes (*benchmarking*), colaboran con la instrumentación de la investigación y con la calidad de sus resultados. A fin de ganar en confiabilidad y conmensurabilidad, debe cuidarse que el relevamiento y la interpretación de los datos sean llevados a cabo atendiendo a un procedimiento como el que se describe en el presente capítulo.

CAPÍTULO VI

ESCALAS DE COMPENSACIONES

La escala de compensaciones es la herramienta de administración por excelencia. De un modo gráfico y sencillo, de un solo vistazo, permite a todos los actores que participan del proceso de compensaciones identificar y obtener mucha información. Para nuestra filosofía de trabajo, esto constituye una cualidad muy importante, ya que tenemos la convicción de que los procesos de compensaciones deben estar dirigidos y diseñados no prioritariamente para provecho de los especialistas en Recursos Humanos, sino para su empleo por parte de los clientes internos, usuarios finales de la herramienta.

¿Qué información brinda la escala de compensaciones a quienes la consultan? Una muy rica y variada. Informa cuánto gana cada empleado en concepto de sueldo bruto mensual sin la participación de conceptos variables ni beneficios, cuál es la posición relativa de su salario con respecto al mercado y al de otros colaboradores, y en qué categoría se encuadra la posición que desempeña. Además de indicar la jerarquía del puesto dentro de la organización, la escala facilita establecer la línea de pago y la línea de beneficios correspondientes. A diferencia de la evaluación de puestos, que atribuye un puntaje para cada posición, la escala de compensaciones habla de dinero, es decir, del monto que cada miembro de la organización percibe como salario.

El objetivo de una escala de compensaciones del tipo que promovemos como especialistas en Recursos Humanos consiste en hacer confluir el equilibrio interno de los salarios y la competividad externa mediante la asignación de rangos de pago específicos para cada posición de la empresa. En capítulos anteriores, señalamos la importancia de legitimar las diferencias salariales. Pues bien, la escala de compensaciones es la herramienta que permite asignar la retribución para cada puesto de acuerdo con un criterio surgido de:

- las descripciones de puestos (Capítulo III);
- las evaluaciones de puestos (Capítulo IV), y
- la investigación de mercado (Capítulo V).

Por supuesto, conviene recordar, una vez más, que el criterio irrefutable y la herramienta perfecta son siempre ajenos al área de Recursos Humanos. No obstante, aunque las escalas resulten por definición un instrumento revisable, estamos convencidos de que expresan un progreso significativo en lo relativo a la gestión profesional del talento. En el presente capítulo, nos proponemos mostrar por qué.

Escalas informales y escalas rígidas

Todas las organizaciones tienen alguna clase de escala jerárquica, tanto las que la han puesto por escrito como las que no. Si entráramos, por ejemplo, a una empresa en la cual no existiera el área de Recursos Humanos, el lector sabe que, de todos modos, podríamos leer la escala vigente en diversos artefactos culturales: el personal más operativo ocupando zonas comunes probablemente poco personalizadas; los supervisones y los jefes, dotados de una estación de trabajo diferenciada; y los gerentes y los directores, con espacios más amplios y de uso privado o exclusivo. Esos datos están indicando la existencia de un *ranking* que, en casi todos los casos, estará señalando una escala jerárquica, algo que la abrumadora mayoría de las empresas desarrolla. De manera análoga, otras organizaciones construyen su escala jerárquica relacionándola directamente con las remuneraciones. Aparecen entonces distribuciones de la plantilla de acuerdo con su nivel salarial (por ejemplo, un 20% de la población gana X, otro 20% recibe X más Y más un servicio médico diferenciado, etcétera). Un ejemplo y otro ilustran de qué se trata básicamente una escala.

La experiencia nos muestra, asimismo, que las escalas no existen solo en la mente de quienes deben definirlas o gestionarlas como parte de sus funciones dentro de la empresa. Además de la compañía, construyen también sus escalas otros dos actores principales: el personal y los sindicatos.

¿Cuándo arma su escala nuestra gente? Por ejemplo, cuando la secretaria de un director o de un gerente se compara con otra secretaria o con cualquier otro empleado: en ese instante, ella está definiendo una jerarquización de posiciones. De esta manera, en el imaginario de los miembros de la organización aparecen múltiples escalas –coincidentes o no, con la escala "oficial" o formal de la empresa–, surgidas de la comparación de puestos, sueldos y otros factores, que cada persona que allí trabaja elabora subjetiva e intuitivamente.

Los sindicatos, por su parte, han sido tradicionalmente grandes desarrolladores de escalas.[1] De hecho, la celebración de convenios colectivos de trabajo (CCT) no solo ha

---

[1] Algo análogo sucede con otras organizaciones de tipo específico como, por ejemplo, los escalafones dentro de la administración pública, las instituciones militares y otras similares.

buscado asegurar al trabajador el acceso a ciertos beneficios o condiciones laborales sino, principalmente, condiciones salariales ligadas a una categorización de los puestos sistematizada en escalas. Las escalas salariales de convenio permiten agrupar los puestos, definidos de manera concisa, según diferentes categorías o niveles.

Existe una diferencia importante entre las escalas salariales de CCT y las escalas salariales que proponemos a las organizaciones en el presente libro. Mientras en las escalas salariales de los CCT se considera un valor único para cada categoría, las escalas que alentamos para las organizaciones definen bandas o rangos de salarios por categoría. ¿Por qué? Porque sindicatos y empresas responden a misiones distintas.

Los sindicatos velan por el equilibrio entre sus afiliados y promueven, para mantenerlo, que toda persona que reúna ciertos requisitos o desempeñe un rol determinado sea encuadrada en una categoría y nivel predefinidos correspondientes a un salario básico y a un conjunto de beneficios prefijados. Este procedimiento brinda previsibilidad tanto a la empresa y al trabajador como al sindicato, que puede estimar de antemano su presupuesto a partir de la cuota sindical que sus afiliados aportarán, calculada como un porcentaje de descuento sobre el salario. En este marco, los sindicatos tienden a rechazar diferencias salariales fundadas en el mérito personal, es decir que un individuo gane por la calidad de su desempeño más dinero que otro con quien comparte la misma categoría y nivel de convenio.

Una escala rígida, con una correspondencia uno a uno entre categoría/nivel y remuneración, no solo resulta atractiva para el actor sindical, sino que también se muestra conveniente para la gestión de las grandes masas salariales que llevan adelante los Estados. Así, en los esquemas de la administración pública, las formas de incrementar el salario están supeditadas a una recategorización del empleado (por ejemplo, por mayor antigüedad) o a un aumento generalizado para toda o una parte de la plantilla dispuesto mediante un incremento presupuestario. En cualquier caso, no hay modificaciones individuales de salarios dentro de bandas salariales. Esto, que parece una ventaja –y de hecho, lo es– para analizar y mantener controlado el presupuesto, se torna un gran obstáculo cuando se busca administrar los salarios según el mérito de cada trabajador.

En suma, una escala de compensaciones rígida no es la mejor herramienta para identificar, promover y fortalecer los buenos desempeños individuales ya que esas conductas no impactan en la recompensa salarial. Algo similar ocurre con las escalas no explícitas y con las que libremente imaginan los miembros de una organización. Por eso, si nuestro propósito es atraer, retener y motivar al talento, lo mejor será construir e instrumentar una escala salarial por rangos o bandas.

Escalas por rangos o bandas

Como puede inferirse de lo expuesto, el concepto de escala de compensaciones no es extraño al mundo laboral, sino que se desprende con cierta naturalidad de las jerarquías, categorías o *rankings* de puestos y salarios identificables en cada organización.

En cuanto a la escala de compensaciones que promovemos en nuestra práctica profesional, consiste en la agrupación de los puestos existentes en una organización definida:

- primero, por las descripciones de puestos, y
- segundo, por la evaluación de esos puestos según su importancia relativa.

¿Por qué nuestras escalas salariales o de compensaciones sirven para atraer, retener y motivar al talento? Tomemos un caso hipotético: dos secretarias de gerencia que se incorporaron simultáneamente a una empresa para cubrir posiciones evaluadas en la categoría 5 y que ingresaron con el mismo sueldo. Si ambas trabajaran en una actividad regida por un CCT o en una repartición pública, después de cinco o diez años de permanencia en el puesto, las dos ganarían un sueldo idéntico. Es decir, no se registrarían diferencias entre sus ingresos porque la morfología de la herramienta (el CCT) no prevé una variación salarial fundada en méritos individuales (rendimiento, productividad, etcétera). ¿Resulta imaginable bajo este esquema estimular entre los recursos humanos un anhelo, aunque sea modesto, de autosuperación o mejora?

En la primera parte de este libro (capítulos I y II), nos hemos detenido en el papel crítico y singular reservado al capital humano en la consecución de una estrategia destinada a implementarse en un entorno globalizado y ultracompetitivo. Huelga señalar que una escala rígida en modo alguno estimula la asunción de riesgos ni la imposición de desafíos que impliquen un desempeño por encima del estándar. Otro panorama hallamos, en cambio, cuando la organización trabaja con escalas salariales que contemplan bandas o rangos con una amplitud porcentual para las categorías y/o los niveles. ¿Por qué? Porque estas bandas ofrecen a cada persona la oportunidad de crecer dentro de su categoría manteniendo el rol. Volviendo a las dos secretarias de la categoría 5, ellas podrían lograr un incremento de su salario según su desempeño. La escala por bandas constituye una herramienta que promueve o incentiva los buenos rendimientos no a partir de una competencia con respecto a otros individuos, sino por una progresiva superación en el ejercicio del puesto.

Mientras que las categorías surgen de la descripción y la evaluación, la banda salarial habilita que la compensación quede ligada al desempeño individual: esto es la base de la administración de las compensaciones.

Factores condicionantes de la escala

El proceso de construcción de la escala por bandas requiere, en primer lugar, decidir el número de categorías y/o niveles salariales que se incluirán. A propósito, conviene echar un vistazo a las escalas correspondientes a los convenios colectivos de trabajo, ya que muchos de estos pueden ilustrarnos sobre cómo contemplar, en la misma herramienta, desde personal operativo o mano de obra directa hasta cargos gerenciales.

La cantidad de categorías que debe tener la escala de compensaciones depende principalmente de tres factores:

- la estructura y el organigrama de la compañía;
- sus rasgos culturales, y
- el negocio.

El análisis de la estructura y el organigrama permiten establecer qué personal está fuera o dentro de CCT, y qué familias de puestos puede comprender la escala. Cosméticos Avon, por ejemplo, es una empresa global cuya gente cubre casi todos los roles presentes en cualquier organización. Cuenta con operarios de planta (en las áreas de Producción y de Distribución), con personal de Ventas (las muy conocidas revendedoras), de Marketing, de Sistemas, de Finanzas, etcétera. Luego, si quisiéramos incluir todas las posiciones, la empresa debería tener quizás entre doce y quince categorías. En cambio, si tratáramos de analizar solo las posiciones financieras o comerciales, la cantidad sería menor.

Otro factor que puede surgir como relevante de la estructura y el organigrama es la dispersión geográfica. Una empresa podría decidir construir una escala de compensaciones para todo el país o para un área determinada, fijando condiciones y niveles de pago principalmente en función de la competitividad local.

Una vez seleccionado el personal contemplado por la escala de compensaciones, debe decidirse cuántas categorías tendrá y en cuántos niveles "se abre" cada una.[2] Volviendo al caso de Cosméticos Avon, la compañía distingue entre sus posiciones operativas seis niveles: operarios no especializados, operarios con cierta especialización, operarios especializados expertos, supervisores, jefes y líderes de área de especialización. Esto significa que todas las poblaciones operativas de esta compañía deberían tener una plataforma común para administrar los salarios de seis niveles: ni de cuatro, ni de doce, ni de ocho. Conviene señalar que si multiplicamos el número de niveles de la escala de compensaciones, burocratizamos la administración de los salarios en vez de hacerla más sencilla, que es uno de nuestros principales propósitos.

Del análisis de la estructura y el organigrama para la elaboración de la escala de compensaciones surgen también aspectos ligados a la cultura de la organización, entre otros, los niveles de decisión o autoridad existentes, la dinámica de delegación y los sistemas de valoración de puestos. A comienzos de la década de 1990, por ejemplo, tuvimos ocasión de trabajar para General Motors de Argentina. A partir de una cultura que promovía fuertemente el *empowerment,* la compañía delegaba en su gente facultades bastante amplias para la toma de decisiones y, por lo tanto, el organigrama resultaba más bien chato, con solo tres niveles o segmentos:

- operarios (profesionales o no, en relación directa con la producción);
- líderes (personas con responsabilidad por otras), y
- ejecutivos (cinco o seis directivos de la organización).

---

[2] La relación entre la escala salarial por una parte y las categorías y ponderaciones correspondientes a la evaluación de puestos por otra, no es necesariamente directa ni lineal. De hecho, muchas empresas cuentan con escalas muy formales sin haber pasado antes por una evaluación de puestos.

La cantidad de personas por nivel es otra de las condiciones que deben atenderse en el armado de la escala de compensaciones, y el marcado achatamiento que presentaba la estructura de General Motors de Argentina nos puso en contacto con algunas problemáticas particulares.

En el nivel de líderes, convivían desde supervisores de cobranzas hasta gerentes financieros, todos con un denominador común: eran responsables por el presupuesto que se les había asignado y por la gente que reportaba a ellos. En el nivel de ejecutivos, integrado por los directores y el gerente general, se adoptaban las decisiones de peso que fijaban el rumbo de la compañía. El nivel de los operarios, por su parte, reunía a los de planta, profesionales y demás. Si bien reportaban a los líderes, gozaban de cierta autonomía delegada con respecto a las decisiones diarias.

Con esa estructura, definida en consonancia con el modelo cultural de la organización, la escala de compensaciones de la firma contemplaba muy pocas categorías. Pero no una por nivel. ¿Por qué? Porque dentro de cada segmento existían diferencias que debían estar expresadas en la escala. No obstante, la escala de compensaciones resultante exhibía un número sensiblemente reducido de categorías en comparación con las de otras compañías, también muy importantes, pero que mantenían un esquema interno más burocrático y propio de la década de 1970.

Estas últimas empresas mantenían una dinámica decisional más rígida, que se reflejaba con gran fidelidad en sus organigramas marcadamente piramidales, soportados por muchos estratos intermedios de liderazgo que articulaban la comunicación entre el ápice estratégico y el nivel de la operación: directores, subdirectores, gerentes, subgerentes, jefes de departamento, jefes de sección, jefes de área, subjefes… Naturalmente, las escalas de compensaciones se hacían eco de esa forma de organización con una gran cantidad de categorías.

Cabe señalar que aspectos culturales como los mencionados suelen estar condicionados por la rama de actividad, el sector y hasta la localización de las compañías, así como por la porción de la población de la organización para la que se está construyendo una escala de compensaciones. El fenómeno se nos ha confirmado una y otra vez en nuestra práctica profesional. No es lo mismo diseñar una escala de compensaciones para personal operativo o mano de obra directa de una empresa que está en el negocio financiero o para otra de la industria de la alimentación, para una firma de marketing radicada en una megalópolis o para un centro privado de salud situado en una localidad pequeña.

Por último, en cuanto al impacto del negocio en la definición de las categorías y niveles de la escala, es preciso atender a la estructura internacional o local de las organizaciones, así como a los planes de crecimiento para el corto y mediano plazo.

En el caso de las compañías globales, las categorías de las escalas de compensaciones suelen estar definidas por sus casas matrices a fin de homologar de algún modo las posiciones que se desempeñan en cada una de las operaciones que mantienen alrededor del mundo. Así, puede saberse que si una persona está encuadrada en una categoría 5 en cualquier parte del planeta, reúne las características de una secretaria de Dirección. Los niveles salariales, desde el punto de vista de su importe dependerán de dónde se trabaja y se gasta el dinero, tal como lo explicamos en el Capítulo V, sobre investigación de mercado. La escala de compensaciones no pretende homogeneizar el monto del salario percibido por el colaborador sino establecer un lenguaje común de puestos y categorías a escala internacional.

La homologación de puestos a través de las categorías practicada a nivel mundial puede también aplicarse en una organización que opere solamente en el ámbito nacional o local. ¿Cuál es la ventaja en este caso? Otra vez, brindar una vara común para la legitimación de diferencias salariales dentro de la empresa. Como indicamos ya, los miembros de cualquier firma –nos guste o no– comparan entre sí desde sus salarios y beneficios hasta el tamaño de las oficinas y la calidad del equipamiento que les han sido asignados. Las categorías y las escalas de compensaciones contribuyen a que ese procedimiento omnipresente en cualquier compañía sea llevado a cabo de una manera más profesional y, dentro de lo posible, objetiva: se trata de ofrecer al cliente interno (el supervisor, el gerente o el líder que usará esta herramienta) y a quienes ocupan los puestos (es decir, quienes serán categorizados) una visión precisa de las jerarquías y de los valores de la cultura que estas reflejan, clarificando y estableciendo las condiciones para el crecimiento: a qué roles puede aspirarse, qué objetivos deben alcanzarse y la retribución al logro. De esta manera, la escala de compensaciones incrementa con simplicidad la objetividad de la gestión y la previsibilidad de la carrera.

Amplitud del rango o banda salarial

Hemos visto de qué depende la definición y el número de las categorías empleadas para la escala de compensaciones. Supongamos ahora que, siguiendo el principio de simplicidad, hemos adoptado para nuestra organización entre seis y diez categorías. La pregunta, ahora, es cómo relacionarlas con los salarios. Como expondremos a continuación, este proceso reviste cierta complejidad, aunque no tanta como para tornarlo impracticable. Para facilitar su comprensión, ilustramos el procedimiento con un ejemplo.

Mediante la investigación, el mercado nos informa la línea de pago de cada categoría. Supongamos que nuestra escala de compensaciones contemplara ocho categorías.

La categoría 1 correspondería a los administrativos *junior*; la categoría 2, a los profesionales *juniors* y semi-*senior*; la 3, a los gerentes de segundo nivel y así. ¿Cómo asignar salarios a las categorías? Investigando cuántos son los niveles de pago del mercado competidor para cada una de las bandas salariales.

Las categorías, como ya dijimos, se definen por la descripción y la evaluación de puestos. Si contamos con estas dos herramientas, estamos en condiciones de proponer –por ejemplo– que todas las posiciones con ciertas características, que desempeñan determinados roles, que están evaluadas de cierto modo, pertenezcan a la categoría 1 y de ponerle un nombre genérico al cargo, supongamos "administrativos *junior*". En esta categoría podrían incluirse la recepcionista, el cadete, el empleado administrativo recién incorporado y otros similares. Después, en la categoría 2, podríamos reunir los puestos cuya evaluación se ubique dentro de otro rango de puntos (por ejemplo, profesionales *junior* que se desempeñan como analistas *junior* de costos, de recursos humanos, de tecnología, de marketing, etcétera). Nótese que en esta categoría no hay líderes ni asistentes: son profesionales graduados que analizan información y hacen recomendaciones para que otros tomen las decisiones. De manera análoga, podemos tratar las demás categorías incluyendo, en cada una, las posiciones correspondientes según el puntaje obtenido en el proceso de evaluación.

Conviene recordar e insistir: nunca decidimos la inclusión de un puesto en una categoría a causa del sueldo que reciben los individuos que lo desempeñan. Si así lo hiciéramos, podríamos crearnos una gran dificultad. ¿Por qué? Porque podría ocurrir que existan personas que, por su historial particular en la organización, hayan conseguido incrementos salariales superiores a otros colaboradores. Si no nos prevenimos, la distorsión en la escala de compensaciones podría llegar a ser significativa. Veámoslo en un ejemplo.

Leticia es una analista de recursos humanos que ha crecido mucho profesionalmente. Por esta razón, la hemos incluido en la categoría 5, la más alta prevista para los profesionales que no tienen personal a cargo. Para acceder a la categoría 6, Leticia debe ejercer algún grado de liderazgo formal (ser supervisora, jefa, gerente o similar). Sin embargo, por diversas circunstancias (particulares, propias de su especialidad o del diseño organizativo), sabemos que ella no está ni estará en condiciones de convertirse en líder y, por lo tanto, de pasar a la categoría 6. Nunca será jefa. ¿Cómo proceder? Aprovechando la amplitud de banda o rango de la categoría a la cual pertenece, en este caso, la categoría 5. De este modo, con el transcurso del tiempo, Leticia podrá crecer dentro de su categoría incrementando consecuentemente su salario.

Claro está, en algún momento, podría incorporarse a la organización Alejandra, otra profesional, para cubrir una jefatura (posición incluida en la categoría 6) y que su salario inicial sea inferior al de Leticia. ¿Esto volvería inconsistente la escala de compensaciones? No. Porque Leticia percibe hoy una remuneración superior por la calidad de su desempeño y el tiempo transcurrido en la posición, pero es probable que esté alcanzando su techo. Alejandra, en cambio, está hoy situada en el mínimo del potencial de crecimiento que le ofrece la categoría 6 y, en cuanto comience a desarrollarse en la posición, seguramente su sueldo se equiparará con el de Leticia y, tiempo después, lo supere. Definir la categoría de las "Leticias" y las "Alejandras" por el monto de su remuneración no solo distorsiona la escala de compensaciones: desvirtúa la comprensión de los puestos y la gestión de los recursos humanos que los desempeñan, tanto en lo que a salarios se refiere como a iniciativas de capacitación y desarrollo.

Una vez que tengamos la lista completa de categorías, las relacionamos con los salarios. El rango o banda salarial que corresponderá a cada una se elabora de acuerdo con una investigación de mercado (Figura 26). ¿Por qué con información externa, y no con la de nuestra propia plantilla? Para evitar la distorsión de las "Leticias". Si Leticia fuera una de las diez personas que están en la categoría 5 y quisiéramos calcular el salario promedio que percibe esa gente, el resultado sería una remuneración media altísima, pero no porque los sueldos sean elevados, sino porque hemos incluido un dato que distorsiona el resultado. Por eso, lo correcto es tomar la información del mercado, de la manera y con los procedimientos que explicamos en el Capítulo V.

Imagine el lector que en la categoría 5 han quedado comprendidos Leticia, esta analista semi-*senior*, un analista de sistemas y otro de caja, así como también algunos especialistas, como el de control de calidad de la planta, el especialista en tecnología y dos o tres personas más. Teniendo en cuenta estas posiciones, salimos a buscar información al mercado sobre qué sueldos paga por puestos similares. De aquí surgirá un valor X equivalente al promedio de las remuneraciones para posiciones como las incluidas en nuestra categoría 5. Así llegamos al corazón de la administración de salarios a través de la construcción de la escala de compensaciones: la necesidad de acercar el esquema de remuneraciones de la compañía a los promedios de mercado con una mayor o menor amplitud porcentual determinada.

Las amplitudes porcentuales de un rango o banda salarial marcan la diferencia entre el máximo y el mínimo. Pueden situarse entre el 20 y el 35% por encima y por debajo del valor promedio, marcando los salarios mínimo y máximo de cada categoría. Con este margen, la empresa puede maniobrar para ajustar la remuneración de cada colaborador según se trate de una "Leticia" (alguien que se ha desarrollado en su posición al nivel máximo contemplado por su categoría) o una "Alejandra" (una persona que ocupa una posición cubriendo en un nivel mínimo lo que demanda la categoría).

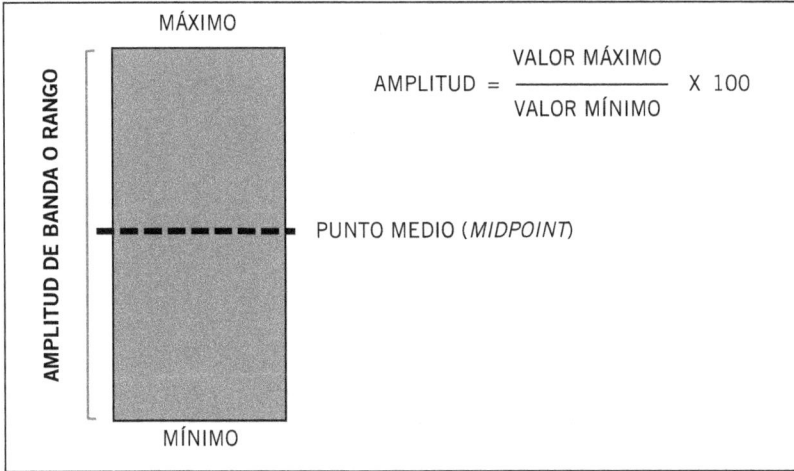

$$\text{AMPLITUD} = \frac{\text{VALOR MÁXIMO}}{\text{VALOR MÍNIMO}} \times 100$$

Figura 26

En cuanto al cálculo, supongamos que hemos tomado la decisión de que las categorías tengan un 50% de amplitud de rango o banda entre el mínimo y el máximo, situando el punto medio de acuerdo con el ofrecido por el mercado a cada categoría; lo que nos resta es aplicar un trabajo estadístico sencillo.[3] Una vez que tenemos las bandas salariales para cada categoría, con amplitudes de mínimo y máximo, comprobaremos seguramente que se producen solapamientos, es decir, franjas coincidentes de las bandas de remuneración de dos categorías adyacentes (Figura 27).

Es el fenómeno que explicábamos más arriba: una persona que viene creciendo en su categoría (Leticia) que puede llegar a ganar más que un jefe de otra unidad (Alejandra) que recién se está iniciando en las buenas artes del liderazgo. Conviene subrayar que, en el ejemplo, hablamos de dos personas que trabajan en la misma organización pero en distintas áreas. ¿Por qué? Porque resulta del todo desaconsejable que un individuo perciba una remuneración inferior a la de alguno de sus empleados a cargo.

---

[3] Sugerimos ver el Anexo "Nociones de estadística".

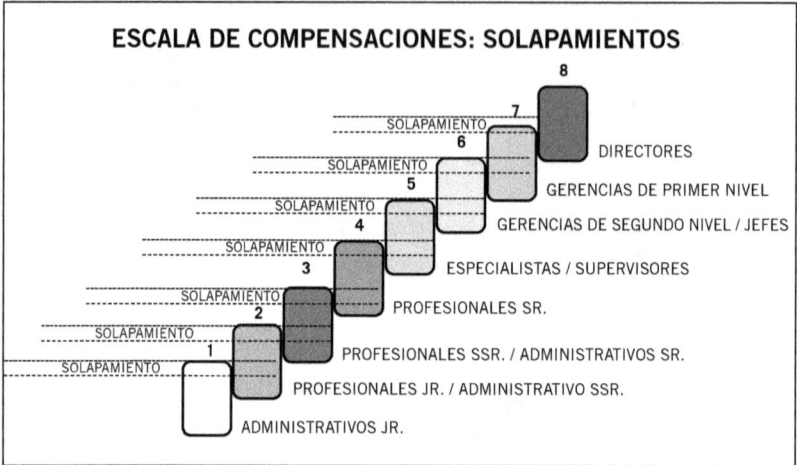

ESCALA DE COMPENSACIONES: SOLAPAMIENTOS

SOLAPAMIENTO 8

SOLAPAMIENTO 7

SOLAPAMIENTO 6 — DIRECTORES

SOLAPAMIENTO 5 — GERENCIAS DE PRIMER NIVEL

SOLAPAMIENTO 4 — GERENCIAS DE SEGUNDO NIVEL / JEFES

SOLAPAMIENTO 3 — ESPECIALISTAS / SUPERVISORES

SOLAPAMIENTO 2 — PROFESIONALES SR.

SOLAPAMIENTO 1 — PROFESIONALES SSR. / ADMINISTRATIVOS SR.

SOLAPAMIENTO — PROFESIONALES JR. / ADMINISTRATIVO SSR.

ADMINISTRATIVOS JR.

Figura 27

¿Por qué promovemos administrar las compensaciones por medio de escalas con bandas o rangos de salarios? ¿Por qué proponemos no pagar sueldos muy por encima ni muy por debajo del promedio de mercado, es decir, de lo que ofrecen los competidores? Porque en todas las organizaciones el presupuesto disponible para las remuneraciones es siempre un recurso finito, cuya aplicación debemos optimizar. Este es el propósito de nuestro libro: guiar al lector hacia un esquema de compensación inteligente. El objetivo es administrar los salarios de la manera más competitiva, equitativa y económica.

Gestión de las diferencias salariales

Concentrémonos ahora en la banda salarial de una categoría para analizar el comportamiento de los salarios dentro de su rango.

En función de la descripción y la evaluación de sus puestos en la organización, que pueden ser similares o no, Ana,

Elisa, Emilio y Raúl se encuentran incluidos en la misma categoría (Figura 28). Sin embargo, el monto de sus salarios es diferente. Por debajo del mínimo de la categoría, se ubica el salario de Ana (analista de producto). El de Raúl (analista de sistemas), entre el mínimo y el punto medio. La remuneración de Elisa (secretaria ejecutiva) es superior a la media, pero no alcanza al máximo de la banda. Este límite solo es superado por la compensación de Emilio (cajero), quien percibe un 62% más que el promedio de mercado. ¿Cómo se explica la dispersión? Por factores ajenos a la posición y vinculados con las individualidades de esos empleados.

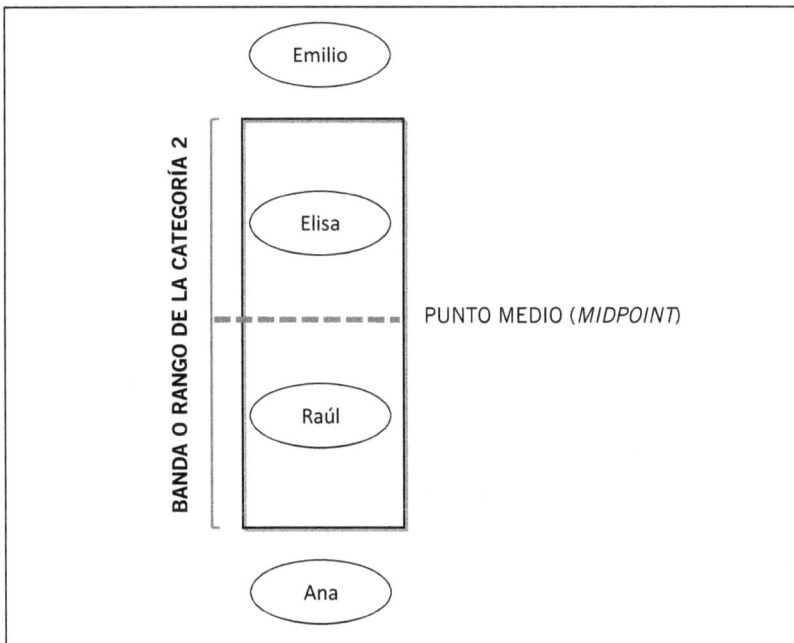

Figura 28

Mientras que la situación de Ana podría corregirse mediante un incremento de la retribución, la de Emilio es más difícil de tratar: por razones legales y de gestión, no puede practicarse una reducción del salario. Pero saber del exceso es un dato muy importante de cara a eventuales negociaciones futuras. Por lo demás, cabe señalar que, cuando la divergencia entre la compensación percibida y las máximas de mercado resulta muy marcada, el primero en darse cuenta suele ser el ocupante del puesto. Recordemos que todas las personas comparan sus remuneraciones con las de otros (colegas de la industria, de la actividad) de una manera directa o indirecta (cfr. Capítulo v).

Solo con el transcurso de los meses –y, a veces, de los años– puede corregirse una dispersión como la existente entre estos cuatro colaboradores. Para llevar los valores abonados a los promedios de mercado, debe instrumentarse alguna clase de mecanismo que permita acelerar los aumentos por mérito para quienes estén por debajo del mínimo de la escala (Ana) o por debajo del promedio (Raúl) y, a la inversa, demorar los incrementos para aquellos que perciban salarios superiores al promedio (Elisa) o que hayan crecido por encima de los máximos de la categoría (Emilio).

Las compensaciones de cada una de estas personas debe depender del equilibrio interno (establecido mediante la evaluación de puestos) y de la competitividad externa (determinada mediante la investigación de mercado), y en la escala de compensaciones deben confluir ambas comparaciones. Si se parte de situaciones de dispersión como las de nuestro ejemplo, el trabajo de la gestión debe concentrarse en lograr la convergencia hacia el promedio, ligando –dentro del margen de maniobra que el marco jurídico otorgue a la organización– el ritmo y el monto de las mejoras salariales con el mérito individual. Nótese que las escalas y las amplitudes permiten premiar la mejora en el desempeño con independencia de una promoción en la categoría.

Claro está que el tratamiento diferenciado a cada colaborador exige un trabajo de comunicación apropiado. Esto no significa que se logrará siempre dejar satisfechos a todos, pero debemos asumir como una responsabilidad central instalar en nuestra gente –es decir, entre los receptores de estas políticas– que las decisiones adoptadas no son arbitrarias, sino que, por el contrario, responden a criterios construidos con rigurosidad mediante nuestras principales herramientas de administración de salarios: la descripción y la evaluación de puestos, y la investigación de mercado.

Comunicar o no la escala salarial

Muchas veces nuestros clientes se preguntan si deben informar a cada colaborador en qué lugar de la escala de salarios se encuentran. Nosotros lo desaconsejamos. El siguiente ejemplo sirve para ilustrar nuestra postura.

Guillermo es un analista de productos. La remuneración que recibe se encuentra debajo del rango de salarios correspondiente a su actual categoría 5. Inmediatamente antes de ocupar esta posición, él se había desempeñado en un puesto comprendido en la categoría 3 y, al ser promovido a la 5, se le otorgó un aumento significativo en la compensación. Pero, de todos modos, el incremento no resultó suficiente para que ese ingreso alcanzara la banda salarial fijada para la nueva categoría de Guillermo. ¿Qué sucederá con él? Continuará así por un tiempo hasta que desarrolle las competencias necesarias. Sin dudas, a medida que su carrera en la categoría avance, recibirá incrementos probablemente mayores que los de otras personas cuyos sueldos ya están en la banda. ¿Cómo se sentiría Guillermo si, al conocer su promoción de la categoría 3 a la 5, se enterara de que en la nueva posición ganara más dinero que antes, pero menos que sus nuevos pares? ¿Sus nuevos pares podrían imaginar que este es el inicio de un proceso destinado a reubicar la banda salarial de la categoría 5 en niveles más bajos? ¿O pensarán que la competencia de Guillermo para desempeñar su puesto es la de un "igual no tan igual"?

Así como desalentamos hacer pública la escala de compensaciones (esto es, la cifra de cuánto gana cada miembro de la organización), promovemos activamente, en cambio, que se informe a cada persona en qué categoría está. Esto significa explicitar según la evaluación de los puestos:

- cuáles son las posiciones análogas a la propia, cuáles son las de jerarquía superior e inferior, y
- cuáles son las distancias (por competencias, conocimientos, tareas a realizar, etcétera) que separan al sujeto de otros puestos y, por ende, cuál es el horizonte de crecimiento que la compañía le ofrece.

Así, una persona que está en una categoría que marca el último escalón de los profesionales es consciente de que deberá convertirse en líder para poder crecer y esa información puede actuar como motivación para el desarrollo. En cambio, informarle que se encuentra por debajo de la media de su banda salarial puede producir resentimiento, sentimientos de injusticia o presunciones de discrecionalidad.

Si una organización comunica a su gente que paga sueldos competitivos con respecto al mercado y alguien descubriera que está un 20% por debajo de la media, seguramente iniciará un reclamo y esa demanda, es probable que se multiplique en una onda expansiva. Tarde o temprano, sin importar si los salarios son buenos o no, la comparación afectará a todos: algunos se considerarán mal remunerados, otros rechazarán quedar eventualmente equiparados con personas cuyos desempeños consideran inferior al propio y los que se descubran muy por encima del promedio del mercado comenzarán a temer por su estabilidad laboral. Dado que estas consecuencias no son deseables, ninguna organización del mundo profesionalmente gestionada da a conocer el posicionamiento de cada miembro en la escala salarial.

A modo de síntesis

Algunas organizaciones y/o posiciones –debido a su encuadre jurídico en un CCT o similar– trabajan con un esquema de compensaciones que no prevé incrementos o diferencias salariales fundadas en el mérito particular del empleado. Es lo que suele ocurrir con las oficinas y dependencias gubernamentales, ciertos servicios públicos de gestión estatal, las fuerzas armadas y, por supuesto, los trabajos regulados por un CCT.

Pero en muchas otras organizaciones –por lo general, de propiedad o gestión privadas–, existe la posibilidad de otorgar ajustes salariales a su gente, dentro de un rango preestablecido, sobre la base del mérito personal a fin de incentivar mejoras en el desempeño, orientar las conductas, fortalecer la adhesión a los valores de la cultura, retener el talento, etcétera. Ese rango o banda salarial constituye una herramienta poderosa de direccionamiento hacia los comportamientos buscados por la compañía y de institucionalización de los desempeños recompensados.

La escala de compensaciones es una guía de gestión que sugiere administrar los sueldos en torno al promedio de mercado a fin de establecer niveles competitivos, equitativos y económicos. Las escalas de compensaciones y las bandas salariales brindan un marco de legitimidad para explicar por qué dos personas, cubriendo posiciones similares, pueden percibir salarios con una diferencia de hasta 50%. ¿Cómo se consigue esa legitimidad? Profesionalizando la gestión de las compensaciones mediante la instalación de las herramientas necesarias: descripción y evaluación de puestos, investigación de mercado y escalas salariales.

CAPÍTULO VII

ADMINISTRACIÓN POR OBJETIVOS Y PAGO VARIABLE

¿Por qué hablar de objetivos en un libro sobre compensaciones? Porque los resultados a los que se liga el pago variable surgen y dependen de los objetivos planteados a un empleado, a un grupo de empleados, a un área de la empresa, a un equipo directivo, etcétera. Por supuesto, la medición del grado en que los objetivos planteados han sido cumplidos es uno de los aspectos (no el único) que suelen contemplar las evaluaciones de desempeño. En lo que sigue, nos enfocaremos en la relación entre objetivos, resultados obtenidos y pago variable.

Durante mucho tiempo, las empresas se ocuparon de medir los comportamientos observables de las personas (puntualidad, ausentismo, forma de vestirse, etcétera) confiando en que esos factores permitían inferir los resultados que cada individuo obtendría con su actuación. Esto comenzó a cambiar en las décadas de 1970 y 1980, cuando la administración, o administración por objetivos, comenzó a desarrollarse y extenderse.

Al servicio de este nuevo enfoque, se crearon e implementaron técnicas muy eficaces, que medían principalmente el grado en que los objetivos eran alcanzados sin atender demasiado al precio que se lograban. Por ejemplo, esas herramientas permitían determinar los logros del área de Finanzas, pero no consideraban si eso había supuesto quitar presupuesto al área de Marketing para que cumpliera con su cometido. Como es de prever, este enfoque terminó por colapsar, ya que en vez de fomentar un alineamiento del conjunto de la organización tras una estrategia compartida, cada sector competía con los otros como si se tratara de enemigos. En forma análoga, cuando los resultados se medían a nivel individual, esto estimulaba que las personas se interesaran solo por sus propios objetivos, perdiendo de vista –e, incluso, desalentando– la formación y la colaboración en equipo.

Estas experiencias condujeron finalmente al desarrollo de un modelo intermedio denominado "gestión del desempeño" o *"performance management"*. Su principal característica consiste en atender simultáneamente dos aspectos: la consecución de los objetivos y la forma en que se logran. Es decir, se trata de tomar en cuenta el fin y también los medios para alcanzarlo, en suma, el desempeño del individuo o del área como un todo. Un eje de este proceso es la administración por objetivos que permite concentrar los esfuerzos y orientar las actividades de las personas, áreas, equipos gerenciales y similares hacia los procesos esenciales para el éxito del negocio. ¿Por qué? Porque la definición de los objetivos:

- explicita cuál es la contribución que cada colaborador debe hacer para que la estrategia organizacional se ejecute;
- direcciona las acciones y los esfuerzos de las personas;
- fomenta la comunicación abierta de los resultados esperados y sobre los progresos en su consecución, y

- ayuda a las personas, a los equipos y/o a las áreas a establecer si están haciendo lo correcto y a evaluar cómo lo están llevando a cabo.

Como puede inferirse, la administración por objetivos juega un papel central para la gestión de desempeño, la revisión salarial y el autodesarrollo.

Necesidad de construir acuerdos

El corazón de la administración por objetivos es el acuerdo. El sistema cobra verdadera vida recién cuando un colaborador y su jefe, o los gerentes y sus subordinados, se reúnen para acordar:

- los objetivos a cumplir;
- los grados de cumplimiento que se esperan;
- los recursos con que se cuenta;
- los tiempos previstos;
- las etapas de realización;
- los procesos de revisión de objetivos, y
- los premios o reconocimientos que va a recibir el colaborador, el equipo, el área, etcétera, por haber cumplido los objetivos.

Este proceso requiere un alto compromiso de las partes en todo su desarrollo, y es posible solo cuando existe acuerdo. Si observamos con detenimiento qué ocurrió allí donde la administración por objetivos fracasó, descubriremos seguramente que la causa profunda no es otra que la ausencia de un acuerdo sólido. Ejemplos típicos de esta situación son las organizaciones que deben cumplir con objetivos impuestos desde las casas matrices a las gerencias generales periféricas, las que –a su vez– se ven obligadas a ordenar su cumplimiento a sus colaboradores y a toda la cadena de mando. En estos casos no hay acuerdos, solo órdenes, con frecuencia, impracticables o inadecuadas. Por eso, repetimos que la única forma de prevenir esto es alentando acuerdos que operen como cimientos y pilares de la administración por objetivos.

Coordenadas de la administración por objetivos

Los objetivos de cualquier organización se vinculan siempre con un puñado de temas, a saber:

- producción y calidad;
- presupuestos;
- rentabilidad;
- volumen de ventas;
- servicio al cliente;
- cobranzas;
- participación de mercado (*market share*) de cada línea de productos, de cada negocio o de la compañía en su conjunto, e
- impacto ambiental y social del negocio.

La implementación de un sistema de administración por objetivos obedece a un proceso. Para facilitar al lector su comprensión, recurriremos a un caso real: el de Procter & Gamble (P&G), una de las principales empresas de consumo masivo de los Estados Unidos.

La compañía ingresó en Chile, Argentina, Uruguay, Bolivia y otros países del sur de América Latina mediante un proceso llevado a cabo durante la década de 1990. Se trató de una operación bastante agresiva que se desprendió de una estrategia de expansión definida en la casa matriz impulsada no por el desarrollo de marcas propias, sino por la compra de otras compañías. El principal competidor de P&G era

Unilever, una empresa anglo-holandesa fuertemente posicionada en la región que ya había desarrollado productos de salud, cosmética y limpieza. El propósito estratégico de P&G era crecer rápidamente en los nuevos mercados sudamericanos a los que estaba ingresando y, para eso, compró organizaciones que ya estuvieran funcionando. Se asoció con CMPC (Compañía Manufacturera de Papeles y Cartones), empresa chilena dueña de la marca Prosan, y luego adquirió compañías nacionales como Zorro, que producía jabón en polvo.

¿Qué desafíos planteó esta movida para cada una de las flamantes filiales de P&G? Principalmente, iniciar un proceso de administración por objetivos. A cada una, a sus ejecutivos y gerentes, la compañía les estableció objetivos orientados al desarrollo comercial. A su vez, los objetivos de la dirección de cada filial bajaron en cascada a su gente. La consigna era clarísima: lo importante era lograr un desarrollo rápido y agresivo de las marcas en los nuevos territorios. De allí se desprendía que –en ese momento– P&G consideraba mucho menos importante cuidar los costos que ganar participación de mercado. Primero, desembarcar exitosamente; después, ajustar los costos.

El caso P&G muestra cuáles son algunos de los resortes que pueden conducir a la adopción de la administración por objetivos. A continuación, sistematizamos las principales coordenadas en que la fijación de los objetivos suele inscribirse:

- estrategia del negocio y visión;
- objetivos corporativos, divisionales y departamentales de corto plazo (un año o menos);
- objetivos de la instancia jerárquica a la que se reporta;
- descripción de los puestos (a fin de asegurar que los objetivos correspondan con su misión y funciones);
- plan de entrenamiento y de carrera previsto para el ocupante del puesto, y

197

- obstáculos detectados en el pasado que deben superarse de cara al futuro.

Planteados estos lineamientos generales, describiremos ahora, en forma conceptual y etapa por etapa, el proceso de instalación de la administración por objetivos.

Primera etapa: definición y planificación

La fijación de objetivos debe hacerse teniendo en cuenta la estrategia definida por la compañía en el marco de la filosofía de la organización y sus valores.

Por lo general, los objetivos se establecen para el corto plazo, es decir, para que se cumplan en un período menor de un año. Reducir los costos en cierta proporción o lanzar un producto nuevo, entre otros, constituyen ejemplos típicos. Sin embargo, esos objetivos deben ajustarse y ser coherentes, a su vez, con los propósitos de largo plazo fijados por la estrategia de la compañía, el plan estratégico y el plan de negocios.

Conviene subrayar que la formulación o enunciado de los objetivos representa un proceso que debe atenderse cuidadosamente no por mera formalidad, sino porque obliga a los estamentos que los definen a explicitar:

- qué resultados visibles y mensurables se esperan;
- cuáles serán los indicadores relevantes para esa medición, y
- en qué tiempo deben alcanzarse.

Dada la importancia de este tema, más adelante, brindaremos algunos lineamientos clave para la formulación.

Hace tiempo, trabajando para un banco internacional, asistimos a una experiencia muy ilustrativa con respecto a las ventajas de la administración por objetivos así como al delicado procedimiento de establecer los objetivos. En la casa matriz, los accionistas mayoritarios habían fijado como estrategia global reducir el alto nivel de morosidad de sus clientes. Dado que, en el ámbito local (que era en donde nosotros trabajábamos), el endeudamiento era muy alto, en forma coherente con la estrategia global, nos propusimos reducirlo.

Sin embargo, a poco de comenzar a trabajar en esto, descubrimos que los sistemas del banco no estaban preparados para medir los niveles de morosidad de un modo adecuado. Sin los sistemas, no contaríamos con información. Entonces, a fin de direccionar claramente los esfuerzos, y desplegarlos dentro de un plazo coherente con nuestras metas últimas, fijamos un objetivo para el área de Sistemas: debía prepararse para poder medir la morosidad según los indicadores relevantes (que establecimos nosotros) para el año siguiente.

Como en muchas otras experiencias, la del banco nos mostró que con frecuencia un paso previo a la instalación de un sistema de administración por objetivos consiste en generar las herramientas que permitan medir el grado de su cumplimiento.

Por último, en cuanto a la cantidad de objetivos a plantear a un individuo, equipo, área o similar, sugerimos que nunca supere los diez. ¿Por qué? Porque esos objetivos definirán el tablero de comando del/los responsable/s de alcanzarlos. Luego, es probable que un tablero que muestre una trama de objetivos compleja o abigarrada termine por distraer en lugar de direccionar. El tablero debe ser abarcable de un vistazo, como el de un automóvil.

Segunda etapa: monitoreo y documentación

A partir de los indicadores establecidos en la etapa anterior, debe realizarse un seguimiento del desarrollo de los objetivos y su implementación, midiendo el grado de avance en los logros a fin de introducir las correcciones que resulten necesarias. Los responsables de llevar a cabo esta tarea son prioritariamente los líderes, quienes han participado desde el inicio en la fijación de los objetivos a cumplir. El éxito de su gestión depende del grado en que se alcancen los objetivos del grupo a cargo.

El monitoreo implica definir, al inicio del período fijado para alcanzar el objetivo, todas las etapas en que el evaluador y el evaluado se reunirán para hacer el seguimiento. Supongamos que un gerente de Ventas nacional consensúa con los gerentes regionales, que reportan a él, un objetivo de volumen de ventas a alcanzar en el término de un año. Si no se acuerda un escalonamiento del logro (por caso, semanal, quincenal o mensual, según las características del mercado y/o de los productos), ¿qué podría ocurrir? Que los gerentes de Ventas de cada región posterguen los procesos comerciales hacia el segundo semestre del año y, con ellos, las cobranzas, lo cual afectaría el flujo de caja y la situación financiera de la compañía. Cuando el monitoreo no es permanente y sistemático, puede haber consecuencias desagradables para muchos miembros y todas las áreas de la firma.

Una vez fijados los indicadores, debe asignárseles prioridades y fechas de cumplimiento. Conviene señalar que los objetivos no tienen por qué revestir todos la misma prioridad. Por eso, hay que ponderar los objetivos según la posición que deba alcanzarlos y el momento en que deban darse por cumplidos. Del mismo modo que los objetivos deben explicitarse con claridad, las prioridades deben también documentarse, formalizarse.

Tal vez el lector esté pensando que estas sugerencias invitan a un procedimiento más o menos burocrático, pobre en eficiencia. Sin embargo, la experiencia nos ha confirmado siempre (y continúa haciéndolo) que solo la documentación de los objetivos –es decir, la explicitación y la formalización– previene eficazmente los malentendidos y contribuye, en forma significativa, al logro. Si el objetivo busca direccionar esfuerzos, debe indicar claramente hacia dónde, cómo y cuándo, y si quiere ser algo más que una expresión de deseo, debe ser monitoreado, seguido, guiado, apoyado y perfeccionado en su consecución. En suma, la administración por objetivos exige liderazgo.

Toda la administración por objetivos y todos los programas de administración por desempeño requieren formalizar objetivos, indicadores, prioridades, plazos, ponderaciones y, cuando corresponda, las compensaciones adicionales ligadas al logro (desde pagos adicionales en metálico y beneficios, hasta promociones y accesos a oportunidades de desarrollo).

Tercera etapa: retroalimentación o *feedback*

Resulta esencial en todas las relaciones laborales porque es la base para que las personas mejoren sus desempeños y sus resultados. El gerente, el supervisor o el líder deben dar *feedback* permanente a sus colaboradores respecto del grado de cumplimiento de los objetivos planteados. ¿De qué depende la periodicidad de la retroalimentación? De las características de las metas y de sus plazos de consecución.

En las reuniones del evaluador con el evaluado, debe realizarse un balance de lo actuado a fin de capitalizar esa información para dar mayor eficiencia y eficacia a las acciones futuras. El proceso de administración por objetivos busca principalmente la mejora continua a través de la retroalimentación sostenida, y la redefinición y el ajuste permanente de los procesos futuros mediante la evaluación del pasado.

El *feedback* depende de la disponibilidad de información, de la necesidad y urgencia de discutir problemas y solucionarlos, y de la clase de posición a la que se fijó el objetivo (por lo general, en las más operativas, el período de revisión y *feedback* es más breve).

Sobre la formulación de objetivos

Hemos insistido en que la eficacia de los objetivos depende en gran proporción del buen entendimiento que tengan de ellos las partes involucradas a partir de su explicitación y documentación. Luego, resulta imprescindible detenernos en la manera de formularlos.

Como primera indicación, debe distinguirse entre las expresiones de deseo y las áreas clave de resultado, por una parte, y los objetivos, por otra. A diferencia de las primeras, un objetivo presenta siempre y simultáneamente cinco características: son específicos, mensurables, alcanzables, realistas y acotados a un plazo. En inglés, estas particularidades son sintetizadas en el acrónimo "SMART" (*Specific, Measurable, Achievable, Realistic, Time-bound*), una palabra que significa "inteligente". ¿Cómo interpretar cada uno de estos términos?

- **El objetivo debe ser específico.** Tiene que definir en forma clara qué resultado concreto hay que alcanzar.
- **El objetivo debe ser mensurable.** El grado o nivel de logro del resultado requerido debe poder medirse durante y al finalizar el proceso de consecución del objetivo.
- **El objetivo tiene que ser alcanzable.** Significa establecer su factibilidad de acuerdo con el tiempo, los recursos y las capacidades disponibles.
- **El objetivo tiene que ser realista.** Para que opere como impulso motivador, debe constituir un reto que, al mismo tiempo, despierte la expectativa de superarlo en quien deba alcanzarlo.

- **El objetivo tiene que preestablecer el plazo en que debe alcanzarse.** Además del plazo para el cumplimiento, el objetivo puede escalonar en el tiempo fases de cumplimiento.

En cuanto a la redacción propiamente dicha, conviene tener en cuenta los siguientes consejos.

- **Utilizar verbos en infinitivo.** Pueden ser verbos de logro ("diseñar", "vender", "instalar", etcétera), o de cambio o mejora ("reducir", "ampliar", "incrementar" y similares).
- **Evitar los calificativos imprecisos.** Expresiones como "en gran medida", "problemas importantes" o similares no remiten a un concepto que pueda ser interpretado de manera unívoca. Por ejemplo, si pretendemos un nivel de ventas "excelente", deberemos establecer los parámetros objetivos que definan esa excelencia.
- **Fijar plazos adecuados.** Aun cuando pueda existir entre los responsables ansiedad por el logro de los objetivos, deben establecerse tiempos razonables para el desarrollo de los procesos que conducirán a los resultados deseados.
- **Indicar expectativas o intereses de forma objetiva.** Los objetivos deben estar desprendidos de toda emotividad, prejuicios u otro factor que remita a visiones o apreciaciones subjetivas.
- **Centrarse en hechos y resultados.** La elaboración de los objetivos no debe pensarse a medida de los individuos sino de las posiciones, las áreas funcionales, etcétera. El objetivo debe comprometer a quien/es cumple/n o desempeña/n una función a causa de la función, no de sus particularidades personales.
- **Acompañar, apoyar, dar soporte.** El líder no debe asignar objetivos y simplemente esperar a que se logren. Debe asistir, guiar, aconsejar a su gente.

- **Comprobar el entendimiento.** Nada debe darse por supuesto. Es necesario chequear y corregir tantas veces como sea posible las malas interpretaciones.
- **Incentivar, no atormentar.** Tanto el empleado como su superior deben poder convivir con el objetivo. Esto no significa renunciar a exigir y exigirse dar lo mejor de sí, a "recorrer la milla extra". Implica, simplemente, que el objetivo debe transformarse en un acicate para la autosuperación y no, por su desproporción, en un fantasma de la impotencia.
- **Fomentar la colaboración.** Cuando se discute acerca de objetivos, la negociación puede generar enfrentamientos duros entre los miembros, los equipos, las áreas de la organización. Ante ese escenario, es importante jamás perder de vista que debemos promover siempre alcanzar acuerdos beneficiosos para todos. De lo contrario, quien "gane" solo obtendrá, en realidad, una victoria a lo Pirro.

Remuneración o pago variable

La remuneración variable es aquella que está atada directamente a los resultados. Hasta ahora, hemos hablado de estrategias de pago que retribuyen a las personas sobre la base de tres elementos: conocimientos, desempeño y resultados. Mientras que el desempeño depende de la manera de actuar y aplicar el conocimiento, los resultados son el producto que obtienen las personas utilizando sus capacidades. Estos, por su carácter más visible o evidente, han provocado que el pago variable deviniese en una de las formas de retribución más extendida (remuneración por pieza fabricada, por producto vendido y otras similares).

Durante los últimos veinte años, se ha abierto un proceso de generalización, investigación y perfeccionamiento del pago variable con el propósito de buscar indicadores e incrementar su efectividad no solo en las posiciones de mayor jerarquía o las fuerzas de ventas, sino también en el resto de la plantilla. Hasta hace unos pocos años, pagar a un analista contable una participación variable resultaba muy difícil, pero hoy, midiendo adecuadamente los objetivos, es posible.

Aplicaciones del sistema

La compensación variable ofrece múltiples aplicaciones, que conviene tener en cuenta para decidir cuándo y cómo aplicarla. A continuación, presentamos las más destacadas:

- **Comunica valores y orientaciones.** La remuneración variable es un poderoso comunicador de valores y directivas. Por ejemplo, un gerente general puede dedicar buena parte de su tiempo a predicar sobre la importancia de adoptar energías alternativas de bajo o nulo impacto ambiental sin que nada de eso cristalice en un cambio concreto en la forma de desempeñarse de su gente. ¿Cuándo comienzan a modificarse las conductas? A partir de que la gente comprueba que se refleja en una porción de su remuneración –como beneficio o perjuicio– su forma de conducirse en relación con un determinado factor, ya sea el cuidado ambiental, la puntualidad y la asistencia, el volumen producido, o cualquier otro considerado clave por la empresa.

- **Acompaña y guía las acciones de las personas.** Cuando una organización fija objetivos y establece un pago variable supeditado a su logro, el resultado suele ser un fuerte alineamiento de los recursos humanos con los valores, los procesos de cambio, las

metas de producción u otras similares correlaciona-
das con esa porción de la remuneración. Por eso deci-
mos que esta forma de compensación constituye un
poderoso comunicador de valores y directivas.

Por supuesto, no caeremos en la candidez de suponer que con un pago variable puede conseguirse que
nuestra gente se sienta profundamente identificada
con la organización o que desarrollen sentimientos
de admiración o afecto hacia la compañía y/o sus líderes. De ningún modo. Los procesos subjetivos vinculados con la emotividad, la apreciación y hasta el juicio obedecen a resortes sobre los que rara vez una
influencia externa puede producir un efecto inequívoco. Para un colaborador que se siente subestimado
en sus capacidades, ¿le resultará suficiente para cambiar de opinión que el jefe le diga, sinceramente, que
está equivocado o, paradójicamente, interpretará este
comentario como una confirmación de sus sospechas?
¿Alcanzará con que el gerente general dé un ejemplo
cotidiano de puntualidad para que todo el personal
se sienta inspirado a imitarlo, o algunos interpretarán ese gesto como una falta de capacidad para gozar
de las "licencias" (entre otras, de horarios) que le da
esa posición? ¿La generosidad de un compañero de
equipo impulsará a todos sus camaradas a responder
con la misma moneda o a aprovecharse de él? Tal vez
esos gestos funcionen perfectamente con algunos, un
poco con otros, y nada con muchos.

- **Brinda un enfoque esencialmente pragmático.** El pago
variable está orientado a la modificación de las conductas observables cualquiera sea la motivación
interna que experimente cada sujeto. Hemos comprobado, en decenas y decenas de empresas, que
el pago variable alienta un mayor compromiso con
la posición de quien la desempeña, y que contribuye

fuertemente a alinear las voluntades tras la consecución de los objetivos a la velocidad y en los plazos fijados por la estrategia. Así, aunque la interioridad, la manera de ser de las personas no se modifique, con el pago variable los comportamientos y, por ende, los resultados cambian.

- **Fomenta la asociación** (en inglés, *partnership*)**.** Esta noción busca transformar el tradicional vínculo entre la organización y sus empleados, centrado en el intercambio mercantil de trabajo por dinero, en una relación de socios que colaboran en la obtención de mejores resultados y –de acuerdo con ciertos criterios– comparten los beneficios obtenidos. A pesar de ser, en apariencia, una propuesta utópica, la institución de la asociación respaldada en el pago variable impacta de manera sensible y rápida en la realidad, produciendo personas altamente motivadas con buenos desempeños y orientadas hacia los resultados.
- **Proporciona flexibilidad.** En algunas actividades, la incidencia de los salarios deviene en el principal factor determinante de su viabilidad. Como ya dijimos, en algunas compañías dedicadas al desarrollo de *softwares* para empresas, el 50% del costo total corresponde a los salarios. Por lo tanto, cualquier incremento en las remuneraciones o disminución de los ingresos provocan la pérdida del punto de equilibrio. ¿Cómo recuperarlo? Por lo general, los medios son los despidos y el recorte de gastos.

  Una alternativa para prevenir estas situaciones consiste en que una parte de la remuneración sea una participación variable. De este modo, la empresa establece un costo fijo más bajo, pero comparte los mayores ingresos cuando la actividad se incrementa. Como puede apreciarse, se trata de una fórmula beneficiosa para las partes y que fortalece a la compañía.

Comunicación del pago variable

Los hechos indican que las empresas han compartido sus ganancias con sus empleados en una proporción mínima, lo que predispone de mala manera al personal hacia los sistemas de pago variable. Por eso, para que esta modalidad de remuneración alcance las finalidades que acabamos de reseñar, es preciso trabajar cuidadosamente en la forma en que se comunica.

Imaginemos, por ejemplo, que una compañía anuncia la instalación de un sistema de pago variable, establece objetivos a lograr y explica que quienes los alcancen obtendrán una mejora del 8% en su remuneración mensual. Esto equivale casi a un sueldo adicional al año (8% x 12 = 96%). ¿Es una buena noticia? Depende de cómo se comunique. La Gerencia General o la de Recursos Humanos pueden explicar que, en caso de cumplirse con las metas, la remuneración variable beneficiará a todos: el personal recibirá dinero extra y la empresa experimentará un incremento en sus resultados. Sin embargo, lo que se anunció como una noticia buena puede ser interpretado como malo, ya que muchos empleados prefieren un salario fijo, previsible, que no dependa de eventos por ocurrir (cumplimiento de un objetivo de venta, de productividad y similares) ni de un esfuerzo adicional. Por eso, la credibilidad y la confianza que inspiren los líderes resultan cruciales en la instalación de estos programas ya que ellos hacen promesas a un futuro medio, es decir, a varios meses.

La comunicación es muy importante a la hora de implementar cualquiera de los procesos y las prácticas vinculadas con las remuneraciones (descripciones de puestos, encuestas de compensaciones, etcétera) porque remite al dinero y, por lo tanto, genera expectativas de continuidad, mejora y/o despido. En consecuencia, debe velarse seriamente por un entendimiento correcto.

Cuando se implementa un sistema de pago variable, se está afirmando que el empleado deberá realizar un esfuerzo claramente direccionado para acceder a una compensación adicional, pero si esa persona no entiende (o se resiste a entender) qué debe hacer, no lo hará. Por eso, en el proceso de implementación del pago variable, es preciso incentivar la adopción de un papel activo por parte del empleado a fin de que acepte el sistema, lo haga propio y comience a trabajar para la consecución de las metas, porque si la gente no lo entendió o no lo aceptó, el sistema se caerá, no funcionará. Para lograr un buen entendimiento, los siguientes temas deben explicarse con claridad.

- **Por qué y con qué propósito se cambia el sistema de pago.** La organización, a través de los responsables, debe explicar si la decisión se funda en emular una práctica de la competencia, en un análisis de costos, en una caracterización de la situación de la empresa, etcétera.
- **Cuál es la situación actual de costos.** En ocasiones, los empresarios prefieren no hablar de las compensaciones en tanto costos porque piensan que su gente no está en condiciones de comprender o interpretar correctamente esta información. Sin embargo, es muy importante hablar el tema hasta agotarlo. El salario como motivo de desacuerdo o discusión entre el empleado y la organización es muchas veces el emergente de otros problemas. Un espacio físico de trabajo inadecuado, un jefe autoritario, la ausencia de una perspectiva de carrera, la falta de desafíos y otras circunstancias similares pueden convertirse en una combinación explosiva, cuya válvula de escape es un planteo salarial. ¿Cuántas veces se observan personas que, después de librar y ganar una verdadera batalla por un aumento de sueldo, al poco tiempo, renuncian, vuelven

a la carga o regresan a niveles bajísimos de motivación? Si el liderazgo rehúye hablar de salarios, no solo estará contribuyendo a incrementar el malestar o, si concede el aumento, a pagar más por ese malestar. Se estará perdiendo, además, una oportunidad privilegiada para detectar y solucionar los verdaderos problemas. Por eso hay que hablar de las remuneraciones: para echar luz sobre los síntomas, identificar las raíces del problema y responder con soluciones pertinentes.

- **Dónde interviene la gente.** Debe lograrse el involucramiento y el compromiso a partir de una explicación clara y precisa sobre la contribución que se espera de una posición o sector de la compañía para alcanzar los propósitos que guían al nuevo sistema de pago.

- **Cuál es el beneficio del éxito del nuevo sistema de pago para las partes.** Es obvio para todos los involucrados que, si de ganancias contantes y sonantes hablamos, la compañía ganará más con el nuevo sistema que el empleado. Es importante no subestimar a la gente presentando el pago variable como una iniciativa altruista de la empresa: quien piense que esta es una buena manera de ganar aliados para el nuevo sistema solo demuestra una notable ingenuidad. No obstante, cabe subrayar que debe comunicarse e insistirse en que los beneficios no se circunscriben solo a una suma de dinero adicional supeditada al logro de los objetivos fijados, sino que incluyen también la continuidad de la empresa, la expansión de la organización, el desarrollo de nuevos negocios, la apertura de nuevos mercados y demás, lo que reafirma para el empleado la continuidad de su fuente de trabajo y la posibilidad de nuevos horizontes para el desarrollo de su carrera.

Conviene recordar que la comunicación es un proceso prolongado, que tiene un efecto importante en el tiempo, y que se perfecciona con el entendimiento del otro y no solamente con la emisión del mensaje.

Hacia un sistema eficaz

Antes de implementar un sistema de remuneración variable, es preciso que quienes lideren ese proceso tengan claros los siguientes conceptos y pautas (Figura 29).

ADMINISTRACIÓN POR OBJETIVOS Y PAGO VARIABLE
COMPOSICIÓN SALARIAL

SUELDO BÁSICO
DEL EMPLEADO AL MOMENTO DEL RELEVAMIENTO

COMPENSACIÓN EFECTIVA
SUELDO BÁSICO + COMISIONES + PREMIOS +
BONUS + GRATIFICACIONES, ETC.

COMPENSACIÓN TOTAL
COMPENSACIÓN EFECTIVA + BENEFICIOS
CUANTIFICABLES (ALMUERZO, AUTO DE LA COMPAÑÍA,
MOVILIDAD, VACACIONES, ADICIONALES, ETC.)

Figura 29

- **Compensación total.** Está formada por un componente fijo y otro variable.
- **Relación entre fijo y variable.** Para un buen sistema de pago variable, la compensación fija debe ser inferior a la pagada por la competencia, es decir, debería estar por debajo del promedio del mercado. Cuando el contexto de la actividad no sea próspero, los empleados se quejarán seguramente de tener un sueldo menor del promedio. Pero en cuanto las condiciones externas

sean favorables, probablemente sus remuneraciones se ubiquen bastante por encima de las pagadas por las empresas competidoras. La ventaja de implementar esta modalidad es que permite a la empresa posicionarse bien tanto en situaciones de crisis como de prosperidad.

- **Ligazón del pago variable.** Los incentivos pueden estar ligados al desempeño del individuo, del grupo de trabajo al que pertenece el sujeto, del área, de la gerencia o de toda la organización. Con cuál de esos desempeños conviene atar el pago variable dependerá de los resultados buscados (cambios culturales, de procesos, objetivos, etcétera).

Tomando estas tres cuestiones como referencia, el diseño de un sistema de pago variable debe contemplar también los elementos reseñados a continuación.

- **Objetivos de corto y largo plazo.** Es necesario buscar e incluir, en el sistema, objetivos de largo plazo y de cortísimo plazo, así como aplicar unos u otros según las características de la posición. De esta forma, por ejemplo, a un operario que realiza a diario un trabajo repetitivo conviene plantearle objetivos que puedan medirse por jornada, semana o quincena, mientras que a las posiciones de mayor responsabilidad se deben ligar objetivos que impliquen el mediano o largo plazo, ya que solo después de esos períodos los resultados más importantes se vuelven visibles y evaluables. De todos modos, es positivo plantear objetivos de corto, mediano y largo plazo para todas las posiciones, aunque se combinen en proporciones diferentes según el puesto.
- **Costo del sistema.** El sistema de pago variable debe autofinanciarse. Tal vez al principio esto no suceda,

pero debería lograrse al llegar a su pleno funcionamiento. ¿De dónde tomar los recursos necesarios? De las ventajas financieras o de productividad obtenidas por las mejoras en el desempeño de los empleados. Existen tres formas de fondear el inicio de un sistema:

- Hacer variable una parte del salario fijo actual, es decir, bajar el sueldo fijo y aplicarlo a un programa variable. Esta táctica ha sido extremadamente útil en tiempos de crisis económicas muy profundas, ya que permitió evitar en muchos casos el despido o el cierre de la empresa. Algunas organizaciones lograron sortear lo más agudo de la crisis haciendo variable una parte del salario y ligándola a un objetivo que podría cumplirse recién en el lapso de un año. Sin dudas, es la solución menos feliz. Pero ante la inminencia del cierre o la desvinculación, brinda una posibilidad al empleado de mantener el trabajo y de recuperar un dinero que habría perdido definitivamente si se le hubiera reducido el salario.

- Derivar una parte de lo destinado a otorgar aumentos sobre los sueldos fijos a fondear un sistema de pagos variables. Por ejemplo, si la compañía tiene un presupuesto anual para el aumento de la masa salarial del 8%, podrían reasignarse dos de esos ocho puntos a crear un programa de pago variable. Aunque podría parecer que se trata de un porcentaje pequeño, en el inicio de un programa siempre es beneficioso comenzar de manera conservadora y aplicar un presupuesto mayor solo después de que el sistema esté instalado y mejorado.

- Destinar un presupuesto extraordinario para financiar el lanzamiento del sistema de pago variable.

- **Sistemas de información.** Los sistemas de información de la organización y sus tecnologías deben estar preparados para medir aquello que se ha puesto como objetivo.

- **Refuerzo de la cultura.** Los sistemas de pago variable deben operar como refuerzos de la cultura organizacional. Tal vez el pago variable no introduzca un auténtico cambio, pero –al menos– no debe deteriorar o contradecir la cultura existente. Por ejemplo, si la compañía está orientada hacia el servicio al cliente, los objetivos, los sistemas de pago variable y los premios deben alinearse con esa orientación a fin de profundizar y sostener una mejora metódica en la atención. Esto es de esta forma porque, así como se alinean los objetivos con la estrategia de la compañía, los sistemas de pago variable deben resultar coherentes con su cultura.
- **Conexión con las áreas de acción.** El pago variable debe estar vinculado con asuntos en que el empleado pueda afectar concretamente los resultados. De lo contrario, en vez de alentar mejores desempeños, el sistema promoverá un sentimiento de impotencia y, en consecuencia, de apatía.

Primera etapa: diseño global

El diseño de un sistema de pago variable contempla cuatro etapas: diseño global, diseño de detalle, puesta en marcha y seguimiento, y rediseño global o de detalle. Como todo proceso, una vez instalado, supone su mejora continua. En la etapa correspondiente al diseño global, se impone preguntarnos:

- cuáles son los objetivos estratégicos que queremos alcanzar y qué cambios sustantivos queremos instrumentar en la organización,

- cuáles son las personas que serán incluidas en el sistema de pago variable (masa crítica) y
- con qué indicadores de logro y de cambio contamos para medir los resultados.

La masa crítica es el grupo de personas y, por consiguiente, de dinero (sus salarios) que se tomarán para fondear el sistema. Por ejemplo, la masa crítica del Departamento de Tecnología es de 17 personas, cuyos salarios suman 10.000 pesos. Muchas veces se fondean los programas de pago variable considerando un porcentaje del total de salarios del grupo, por caso, un 7% para el primer año de lanzamiento del programa. A medida que el programa se vuelve más confiable y maduro, ese fondo se incrementa.

Pensemos en una organización que está atravesando una situación complicada frente a la cual sus directivos deben elaborar una estrategia de solución. Esta bien podría consistir en una reducción de costos, en un incremento de las ventas, o en ambas acciones a la vez. Decidir de qué manera la empresa afrontará el desafío significa fijar la orientación estratégica del futuro sistema de pago variable.

Todo sistema de pago variable o de administración por objetivos debe tender a aplicarse al conjunto de la organización a fin de promover un alineamiento general con los objetivos estratégicos. Cuanto más alineada esté la gente, mejor funcionará la empresa y mejor afrontará los embates de los cambios producidos en el entorno económico, social, jurídico, etcétera.

La puesta en marcha de un sistema de pago variable conviene iniciarla con una muestra pequeña, paulatinamente, empezando con algunas de las posiciones de mayor jerarquía como, por ejemplo, la gerencia general, los directores o los gerentes de área. De este modo, las correcciones que deban introducirse en el sistema –y que solo fueron detectadas una vez que se puso en práctica– involucrarán a unas pocas personas, y no al conjunto de la organización, lo que podría despertar mayores resistencias a la novedad, actitudes escépticas, resistencias y prevención.

Se debe ser consciente de que el sistema de pago variable despierta dos suspicacias típicas: que la empresa está evitando otorgar un aumento sobre los salarios fijos y/o que el sistema oculta alguna clase de trampa, de cláusula engañosa. Por eso, es necesario que las fallas más groseras del sistema no se pongan en evidencia con el conjunto de la plantilla. Conviene trabajar con red, es decir, comenzar con una población pequeña, que se irá ampliando año a año, al compás de las mejoras en el sistema de pago variable, hasta comprender a todas las posiciones.

¿Por qué alentamos la extensión del sistema de pago variable a toda la organización? Supongamos que los empleados no jerarquizados estuvieran excluidos del sistema. Pronto podría difundirse entre ellos la creencia de que sus jefes y gerentes, que sí reciben un pago variable, se benefician de los resultados alcanzados gracias al trabajo de sus subordinados. Para que esto no ocurra, es mejor que toda la empresa "baile con la misma música", es decir, reciba una remuneración conformada conceptualmente del mismo modo: un fijo más un variable. Claro está que alcanzar a toda la dotación llevará su tiempo, porque el sistema y su perfeccionamiento así lo requieren. Como solemos decir los especialistas en Recursos Humanos, la mejor herramienta de gestión es siempre la que aplicaremos el año próximo. ¿Por qué? ¡Porque no tendrá los errores que cometimos durante este!

Segunda etapa: diseño de detalle

Una vez establecido, en la etapa anterior, los lineamientos estratégicos del sistema de pago variable, corresponde abordar el diseño de detalle. Se trata principalmente de la selección de las variables a las que se ligará el pago y su ponderación. Así, si el propósito estratégico es reducir los costos, el sistema de pago variable deberá fijar:

- cuáles son los principales indicadores de la reducción (precio de compra de los insumos, incremento de la productividad, etcétera) y
- en cuánto debe modificarse el comportamiento de esos indicadores para que se considere significativo y, por lo tanto, se dé por alcanzado el objetivo de reducción del propuesto (por ejemplo, podría establecerse que los insumos deben abaratarse en un 10% para que esa reducción pueda atribuirse a la mejora en nuestros procesos de compra y producción).

Hecho esto, es preciso chequear que el sistema de información de la compañía está preparado para medir lo que debe medirse y si estos sistemas no están disponibles, crearlos. Asimismo, debe asegurarse de que la organización podrá proveer los fondos necesarios para iniciar e implementar el sistema de pago variable. En este punto, debe decidirse si se fondeará mediante el redireccionamiento de inversiones, un aporte extraordinario de capital por parte de los accionistas, la reasignación de partidas presupuestarias u otros mecanismos similares. Por último, es necesario cubrir todos los aspectos administrativos, desde la designación de los responsables de la implementación y seguimiento del sistema hasta la creación de las herramientas necesarias de medición y formalización de los procedimientos de aplicación.

Tercera etapa: puesta en marcha y seguimiento

Sin dudas, es la etapa más importante. No solo supone iniciar la implementación, sino también, simultáneamente, monitorear su marcha, detectar aciertos, falencias y oportunidades de mejora.

Nuestra nutrida experiencia en el área de Recursos Humanos nos ha confirmado que la puesta en marcha de este sistema –como de cualquier otro– requiere un cuidado trabajo de capacitación y comunicación con respecto a las características, funcionamiento, ventajas y resultados esperados. Por una parte, hay que explicarle a la gente en qué consiste el sistema, cómo opera, qué resultados se esperan de su adopción y –principalmente– en qué los beneficiará. Por otra, hay que enseñar cómo usar esta herramienta y brindar todo el soporte necesario para subsanar inconvenientes y evacuar dudas.

¿Por qué insistimos tanto en la comunicación y la capacitación? Porque todas las herramientas que aplicamos desde la gestión de Recursos Humanos, ya sean compradas (los famosos "enlatados"), aportadas por una consultoría externa o desarrolladas en la compañía, conllevan una inversión siempre (siempre) significativa de recursos materiales, valuables claramente en dinero, y de otros no materiales, como la motivación de nuestra gente o la credibilidad del liderazgo. Sabemos que el empleo ineficiente e ineficaz de cualquiera de esos recursos en un entorno hipercompetitivo como el actual puede dejarnos fuera de juego y que, en muchos casos, herramientas valiosas fracasan no tanto por fallas propias –por lo general, subsanables– sino porque han sido "mal instaladas", es decir, incorrectamente presentadas, poco comunicadas, usadas sin un conocimiento adecuado de su funcionamiento y sin soporte desde Recursos Humanos.

Por lo tanto, la puesta en marcha equivale tanto a echar a rodar el sistema de pago variable como a comunicar, capacitar, controlar, monitorear y evaluar su desempeño en dos niveles: por un lado, el del funcionamiento del sistema dentro de la dinámica de la organización; por otro, el del funcionamiento del sistema en sí. El trabajo en ese primer nivel nos permite evaluar si, gracias a la implementación del sistema de pago variable, la empresa está logrando los objetivos estratégicos definidos al hacer el diseño global (la primera etapa que describimos más arriba). El segundo nivel nos enfoca en la observación y la medición del impacto del sistema que hemos diseñado a fin de detectar oportunidades de mejorarlo a través de encuestas y otros procedimientos.

Al finalizar el período, se revisa todo el proceso, es decir, desde los objetivos, si se alcanzaron o no, el grado de satisfacción de los participantes, el nivel de medición logrado, los formularios empleados, etcétera. Con toda esta información se realiza una primera evaluación global del sistema y se pasa a la siguiente etapa.

Cuarta etapa: rediseño global o de detalle

Como se indicó, esta etapa se nutre de los resultados obtenidos en la anterior. A partir de la evaluación final del ciclo o período cumplido, podemos corregir o modificar diversos aspectos del sistema de pago variable. A modo de lista de control, conviene revisar los siguientes temas y, si es preciso, introducir las correcciones pertinentes.

- **Comunicación.** ¿Se logró una buena recepción? ¿La gente comprendió los objetivos? ¿Ganamos la adhesión de los involucrados?
- **Motivación.** ¿Hubo cambios notables en el desempeño? ¿Notamos interés en contribuir al sostenimiento del sistema de pago variable o a su mejora? ¿Detectamos un afán por la crítica constructiva o destructiva? ¿Cuál predominó?
- **Implementación.** ¿El sistema fue instalado total o parcialmente? ¿Se brindó el soporte adecuado? ¿La gente

recurrió y accedió sin dificultad a la ayuda? ¿El monitoreo fue eficiente? ¿Se anticiparon problemas o se actuó solo reactivamente? ¿Los indicadores y comportamientos establecidos como parámetros para la medición de los objetivos propuestos a los empleados fueron adecuados?

- **Objetivos estratégicos.** ¿Existió un esfuerzo adicional por alcanzarlos atribuible al sistema de pago variable? ¿Se cumplieron los objetivos? En caso negativo, ¿hubo alguna situación externa a la compañía que pudiera explicar el fracaso?

Estos resultados retroalimentan al sistema de pago variable y constituyen el punto de partida para la adopción de las decisiones vinculadas con su reforma o replanteo.

Modelos de sistemas de pago variable

En el mundo, se han desarrollado una gran cantidad de sistemas de pago variable. Los Estados Unidos son la cuna de muchos de ellos (*profit sharing, game sharing, goal sharing,* entre otros). En América Latina, los tres modelos más desarrollados son los vinculados con:

- los procesos del área de Ventas;
- los procesos no pertenecientes al área de Ventas que se desarrollan como máximo en un año, y
- los procesos no pertenecientes al área de Ventas que se desarrollan en un horizonte temporal superior al año.

A continuación, trataremos en detalle a cada uno.

Pagos variables atados a procesos del área de Ventas. Estos sistemas son los más antiguos y conocidos: comisiones, incentivos, premios y demás. Más allá de las particularidades de cada uno, pueden aglutinarse en dos grupos según su relación directa o indirecta con el precio y/o el volumen de las ventas.

Las comisiones, por lo general, constituyen un porcentaje directamente relacionado con la venta (medida por su precio o volumen) o con la cobranza de esa venta. En la mayoría de los países, esta clase de pago variable está contemplado por la legislación. En muchos casos, incide incluso cuando el empleado se desvincula voluntariamente de la organización: la ley otorga al vendedor una compensación especial porque su trabajo continuará produciendo frutos para la organización también después de su retiro. Cuando una parte de la comisión está sujeta a un precio de venta dado por el mercado, ese precio fija la remuneración del vendedor, y no un sistema interno de la compañía. En consecuencia, un vendedor, trabajando igual cantidad de horas y esforzándose en la misma medida, podría aumentar su salario como resultado de una modificación del valor de mercado de los productos que ofrece. En el mercado de venta de automóviles, por ejemplo, los vendedores de salón de los concesionarios perciben un porcentaje sobre los precios de ventas de las unidades. Cuando por motivos de mercado, aumento en los costos u otro factor, los precios suben, las comisiones de los vendedores aumentan de manera directa, aunque el esfuerzo sea muchas veces el mismo.

En ocasiones, las comisiones introducen un gran desequilibrio en el sistema global de compensaciones de una organización, con vendedores que llegan a ganar más dinero que sus jefes. Como ya hemos señalado varias veces, es importante que el esquema de remuneraciones de la empresa sea equilibrado y consistente, por lo tanto, las comisiones representan un desafío para Recursos Humanos ya que debe conciliar que el vendedor tenga una gran motivación para optimizar su desempeño con un reconocimiento económico adecuado a los diferentes niveles de responsabilidad correspondientes a cada posición.

Los demás sistemas de pagos variables ligados indirectamente a las ventas (metas, incentivos, premios y similares) constituyen también un incentivo pero, a diferencia de las comisiones, se calculan –por lo general– en relación con el salario y no con el precio o el volumen de ventas. Por ejemplo, si el empleado vende aviones, no recibe un porcentaje de la venta del producto sino de su salario. ¿Por qué se adopta este criterio y no el de comisión? Porque se entiende que la venta no es un logro exclusivo del vendedor sino también del soporte que le proporciona la estructura organizacional, la marca y otros elementos que ayudan a concretarla.

El período que se tomará para evaluar los resultados y liquidar el pago variable correspondiente (comisión, incentivo o el que se haya elegido) depende en buena medida del producto y las características de su comercialización. Por ejemplo, la venta de teléfonos celulares implica una gran circulación de la mercadería y, por lo tanto, es probable que la compañía evalúe y pague mensualmente el variable. En cambio, si se tratara de vender torres de telefonía celular (un proceso que puede demandar varios meses de seguimiento y negociaciones con cada cliente), la periodicidad con que se medirían los resultados a la que se ata el pago sería muy distinta.

Pagos variables para posiciones no pertenecientes al área de Ventas que se liquidan, como máximo, en un año. Un aspecto destacado de estos pagos es que se evalúan y resuelven en el corto plazo. Dado que la mayoría de las posiciones que podemos encontrar en una organización son evaluables anualmente, estos pagos son aplicables prácticamente a toda la plantilla no perteneciente al área de Ventas.

Por lo general, esta modalidad de compensación variable consiste en un bono (*bonus*) ligado a la consecución de un objetivo dentro de un plazo máximo de doce meses. En muchos países de América Latina, este sistema está instalado como una práctica generalizada, muy corriente entre las posiciones de mayor jerarquía. Sin embargo, en forma paulatina, este pago variable se va extendiendo a todos los niveles de la organización gracias, principalmente, a que las herramientas de medición del logro de metas son cada vez más precisas, y permiten analizar y medir objetivos en toda clase de posiciones. De todos modos, la posibilidad de implementar este sistema de pago variable depende siempre de la madurez de la empresa que busque adoptarlo y de las características específicas de sus mercados.

Pagos variables para posiciones no pertenecientes al área de Ventas que se liquidan en plazos mayores a un año. Se trata de pagos variables que podríamos denominar "de orden estratégico" porque están dirigidos a los profesionales y/o ejecutivos cuyas decisiones y resultados afectan los negocios de la empresa en el mediano o largo plazo. Suelen aplicarse a los directores, presidentes o miembros del *board* que toman decisiones estratégicas, quizás sacrificando el corto plazo en pos de la visión.

La principal herramienta para medir el impacto o resultado de las decisiones de esas personas en la compañía está dada por el valor de las acciones. Por ejemplo, muchas empresas internacionales y nacionales ofrecen como compensación variable para sus directivos una suma relacionada con la proporción en que se incremente la cotización de la acción de la compañía dentro de un período determinado. Otras reservan una porción de las acciones de la compañía que se adjudicarán al ejecutivo en caso de que haya cumplido con su objetivo de aumento del valor de la compañía (*stock options*).

Como el lector puede adivinar a partir de esta apretadísima caracterización del pago variable, el tema representa un área muy interesante y compleja, con una casuística riquísima y un sinnúmero de posibilidades. Por estas razones, bien justificaría dedicarle un libro completo, pero dados los propósitos de la presente obra, hemos optado por ofrecer solo algunas pinceladas gruesas a fin de brindar un panorama general.

A modo de síntesis

La administración por objetivos se enfoca tanto en la consecución de estos como en la manera en que se alcanzan. Requiere explicitar la contribución que se espera de cada persona y realizar el seguimiento del proceso orientado a lograrla. Para que sea eficaz, resulta imprescindible construir acuerdos en torno a plazos y objetivos específicos, mensurables, posibles y realistas.

Administrar por objetivos permite comunicar valores y direccionar el trabajo, brindar a todos (líderes y colaboradores) criterios de evaluación y autoevaluación del desempeño, e instalar una dinámica de asociación de espíritu pragmático y, por lo tanto, flexible.

CAPÍTULO VIII

NUEVAS PRÁCTICAS

Este capítulo está dedicado a describir de manera sucinta las prácticas de Recursos Humanos relacionadas con las compensaciones que han aparecido durante las últimas dos décadas, de manera más tímida en algunos casos y más potente en otros.

Este proceso se correlaciona con el avance tecnológico en las comunicaciones y la información. ¿Por qué? Porque permitió transformar los roles jugados por la gente y que las personas trabajen de una manera diferente, sobre todo en lo que respecta a calidad de vida laboral y equilibrio entre trabajo y familia (*work life balance*). Las nuevas prácticas están asociadas a la administración y el empleo del tiempo de cada individuo en relación con el trabajo, el esparcimiento, el ocio, etcétera.

Cabe preguntarse por qué incluimos las nuevas prácticas en un libro sobre compensaciones, en vez de dejarlas para los especialistas en organización, para los arquitectos que deben resolver el diseño de las nuevas estaciones de trabajo, o para las autoridades que deben velar por la seguridad y la higiene. Sin embargo, para nosotros, esas nuevas prácticas constituyen un tema ineludible para todo aquel que se pregunta cómo atraer, retener y motivar al talento.

Estamos convencidos de que el teletrabajo, el banco de horas u otras modalidades similares, impulsadas por los progresos en las tecnologías de la información, encierran un fuerte potencial de atracción, retención y motivación cualquiera sea la envergadura de la organización por la vía de una mejora sustantiva en la calidad de vida y una mayor autonomía para ordenar la propia rutina. Por esta razón, conviene seguir de cerca el desarrollo de estas y otras nuevas prácticas.

Algo de historia

Por diversas circunstancias, desde hace siglos, las personas han desarrollado sus trabajos, por lo general, en un espacio físico fijo (la granja, el taller, el estudio, y otros similares). Con la Revolución Industrial esta característica se agudizó y determinó, colateralmente, la explosión de la población urbana con todas sus consecuencias positivas y negativas (desde el mejor acceso a la educación hasta la polución descontrolada). Pero casi tres siglos después, en los albores del siglo XXI, el modelo de "trabajadores concentrados" comenzó a experimentar fuertes cambios.

Hasta hace solo unas décadas, el trabajo en colaboración exigía en la mayoría de los casos la cercanía real y física de los miembros de una organización. La gestión de esos recursos humanos, por su parte, estaba orientada principalmente a controlarlos en el cumplimiento de horarios y en la realización de determinadas tareas, por lo general, mecánicas, repetitivas y observables a simple vista. Pero la paulatina automatización y el avance de las tecnologías de la información y la comunicación (potenciadas en progresión geométrica desde hace años), condujeron a una redefinición de los aspectos relevantes del desempeño. Así, los tradicionales indicadores del "buen trabajador" (horas trabajadas, bajo ausentismo, escasa siniestralidad, antigüedad, etcétera) comenzaron a perder protagonismo de la mano de una valoración superior de aspectos cualitativos (valor agregado, conocimiento producido, innovación, etcétera). Paralelamente, el trabajo dejó de señalar eminentemente un espacio físico para describirse por sus resultados.

Las mejoras tecnológicas en las comunicaciones y su progresivo abaratamiento nos permiten hoy organizarnos y elaborar productos antes impensables y hoy viables gracias, por ejemplo, al correo electrónico, las teleconferencias, la telefonía celular; en suma, a la hiperconectividad. Principalmente, estos adelantos están provocando un cambio profundo en la manera de organizar el trabajo y, por ende, de diseñar los puestos. Ejemplos de este proceso son el horario flexible, el banco de horas y el teletrabajo. Los tres representan nuevas prácticas en Recursos Humanos que nos obligan a afrontar múltiples y originales desafíos, entre otros, en materia de compensaciones. A continuación, bosquejaremos algunos de ellos.

Horario flexible y banco de horas

¿Qué es un horario flexible? Aquel que no establece una hora de ingreso y una hora de egreso estrictas, fijadas por la empresa, sino que permite una variación de entre 30 y 60 minutos u otra mayor. Si el horario de trabajo fuera de 9:00 a 18:00 horas, las personas podrían ingresar o salir media o una hora antes o después. Su principal ventaja es que no afecta el desenvolvimiento normal de las rutinas de la empresa, y permite a los empleados evitar transportarse en las horas de mayor tránsito y, así, viajar más rápido y cómodos.

El horario flexible comenzó a implementarse hace algunas décadas. Con el tiempo, muchas empresas profundizaron el modelo hacia lo que llamamos el "banco de horas". ¿En qué consiste? En un "colchón" o previsión de horas que los trabajadores pueden acumular durante la semana pero manteniendo un promedio de horas semanales. Por ejemplo, si el empleado debe trabajar 40 horas semanales, podría repartirlas de lunes a viernes, trabajando 8 horas cada día; o podría distribuirlas de martes a viernes en jornadas de 10 horas cada una. En cualquier caso, siempre debe respetar las 40 por semana porque no puede –supongamos– dejar dos horas una semana para trabajarlas durante la siguiente. Obviamente, la principal ventaja del banco de horas es que permite al trabajador acomodar un poco más libremente sus horarios.

Teletrabajo

Consiste en desarrollar total o parcialmente la actividad laboral desde un lugar alejado de la oficina del empleador utilizando tecnologías de la información y la comunicación para mantener un vínculo con la empresa. El teletrabajo lleva el trabajo a los trabajadores en vez de los trabajadores al trabajo. El empleado y su tarea son primordiales, no así el lugar donde la lleva a cabo. El trabajo es lo que el empleado hace, no donde el trabajador desarrolla su tarea.

A diferencia del horario flexible o el banco de horas –esquemas en que la ventaja principal para la empresa es atraer, retener y motivar–, el teletrabajo va más allá: transforma a la organización en un centro atractivo para el mercado, mejorando los costos y, con frecuencia, incrementando la productividad.

El teletrabajo como práctica involucra cuatro actores principales: la empresa, el trabajador, la sociedad y el medio ambiente, y todos se benefician. Por ejemplo, la empresa reduce costos porque tiene menos gastos edilicios y mejora la productividad. Los empleados incrementan su calidad de vida, en especial, aquellos que viven en grandes urbes: reducen los tiempos y los gastos de transporte, y ganan más horas para estar con sus familias y para realizar sus actividades privadas. El medio ambiente se beneficia con la reducción de la contaminación y el ahorro de energía. La sociedad ve incrementadas las posibilidades de inserción para las personas con capacidades especiales, quienes pueden desarrollar su trabajo desde la comodidad de sus hogares, ya acondicionados para atender sus necesidades particulares. Pero además de las ventajas, el teletrabajo afronta algunas dificultades derivadas, por lo general, de una implementación incorrecta y no del sistema en sí. Por eso, para reducirlas o evitarlas, deben explicitarse y establecerse cuáles son las expectativas de cada uno de los actores.

¿Cómo poner en marcha un sistema de teletrabajo? Completando cinco pasos: investigación, concientización, diagnóstico, prueba piloto y expansión.

La investigación consiste en averiguar qué posiciones de la empresa pueden adecuarse al teletrabajo. Es claro que un ensamblador de Toyota no puede cumplir con su tarea en otro sitio que no sea la planta, pero es probable que muchas otras posiciones sí puedan hacerlo.

La concientización supone la asunción de un compromiso organizacional y la fijación de expectativas y objetivos con la alta dirección. Debe realizarse un análisis de la relación entre costo y beneficio, así como de la viabilidad. Solo de este modo podremos descubrir si los ejecutivos están dispuestos a comprometerse cabalmente con un proceso de instalación de teletrabajo.

El diagnóstico implica el análisis de las posiciones y de las características de las personas a involucrar. Debe analizarse si la tarea puede hacerse a distancia y si el colaborador que la ocupa y su jefe están preparados para teletrabajar porque cuentan con el perfil y las habilidades personales adecuados. Conviene subrayar que el líder es la pieza clave del proceso de facilitación del teletrabajo y que si él no lo acepta, será mejor abandonar la iniciativa. El diagnóstico incluye la fijación de objetivos en detalle para el teletrabajador y de indicadores para medirlos. Por lo general, es conveniente que ninguna persona teletrabaje todo el tiempo, sino que pueda ir a la empresa al menos una o dos veces a la semana para intercambiar información sobre los temas cotidianos.

Como cualquier práctica que se instale en materia de recursos humanos, conviene probarla primero en un grupo reducido. Este es el objetivo de la prueba piloto. Aunque sea una experiencia reducida a un grupo tomado como muestra, conviene que desde la prueba piloto el proceso sea comunicado a toda la organización: se trata de comenzar a incorporar lentamente la nueva modalidad a la cultura. Cuanta más información se dé, más sencillo será neutralizar prevenciones, reticencias y hasta sentimientos de discriminación en quienes no resulten candidatos a teletrabajar.

Por último, la expansión sigue a la prueba piloto, de la cual capitaliza y aprovecha todas las oportunidades de mejora detectadas. La expansión significa incorporar a la modalidad a poblaciones cada vez más vastas. En esta etapa, el desafío alcanza ya francamente a los responsables de las áreas, quienes deberán encarnar un rol activo en el lanzamiento, la comunicación, la capacitación de su gente y demás para incorporar el teletrabajo.

Sin dudas, el teletrabajo es una práctica que ha llegado para quedarse y, probablemente, popularizarse. Por esta razón, es de esperarse que pronto la legislación se haga eco de este proceso, y le brinde un marco legal apropiado, que

garantice condiciones justas de seguridad e higiene, de equipamiento, de capacitación y desarrollo, y –por supuesto–
de compensaciones económicas.

Nuevas prácticas, nuevos cimientos

De más está decir que la posibilidad de implementar prácticas como las que acabamos de caracterizar depende de
que estén dadas ciertas condiciones. La primera es la existencia de confianza entre las partes: el líder debe creer que
el colaborador hará lo suyo, disciplinadamente, aun cuando no lo estén "mirando". La segunda, la seguridad de que
la tarea puede ser llevada a cabo físicamente en un empla-
zamiento remoto con respecto a la empresa, o que las modificaciones en la jornada (horarios flexibles o banco de
horas) no impactarán negativamente en el desempeño y/o
los resultados. Como el lector sabe, existen negocios en los
que es necesario ajustarse a un horario determinado (pensemos, por ejemplo, en un agente de bolsa). La tercera,
contar con una cultura que sea receptiva a la innovación y,
por ende, a la incorporación de prácticas que ofrezcan oportunidades de mejora.

Con respecto a esto último, cabe señalar que algunas
empresas, a pesar de hallarse a la vanguardia en sus procesos de gestión, aún se comportan de manera bastante
conservadora respecto del teletrabajo, los horarios flexibles y demás. La automotriz Toyota, por ejemplo, ha sido
pionera en calidad total, logrando un extraordinario posicionamiento de su marca y una participación más que destacada en todo el mundo. Sin embargo, los trabajadores
de sus plantas de Japón son controlados más que de cerca
en el cumplimiento de sus horarios. ¿Por qué? Porque
cualquier flexibilización impediría el funcionamiento
óptimo de la línea de ensamblaje. No se trata de una visión

anticuada sino de una decisión adecuada a las características de la tarea.

Como señalamos antes, las nuevas prácticas se relacionan mucho con la búsqueda de una mayor calidad de vida laboral y un equilibrio entre trabajo y familia (*work life balance*). Durante los últimos años, el modelo de trabajo duro, que convierte en rutina y no en excepción las jornadas interminables, ha comenzado a transitar su ocaso. El fenómeno se debe, en parte, al agotamiento y la consecuente pérdida de calidad del valor que agrega el trabajador que produce; en parte, a los reclamos de las nuevas generaciones de una mayor armonía entre la vida laboral y la personal.

¿Significa esto que la tendencia es a transformar el *nine to five*, aquel emblemático horario estadounidense de 9:00 a 17:00, en un *nine to three* o alguna otra variante de horario más corto? No, porque resulta muy difícil que el ser humano escinda su atención taxativamente según sea su tiempo en la oficina, en el club o junto a los suyos. Por el contrario, la experiencia demuestra que las personas continúan vinculadas con las problemáticas personales incluso en el trabajo, o pensando en asuntos del trabajo aun en sus hogares. Creemos que la tendencia motorizada por ese cambio en la visión y la búsqueda de un nuevo balance se expresa y canaliza en la generación de espacios y momentos en que el trabajo y la vida familiar no estén planteados como términos excluyentes, sino capaces de ser compatibilizados. Este es el propósito que explica, por ejemplo, la flexibilización de la jornada laboral y el rediseño de los espacios físicos organizacionales para convertirlos en lugares más abiertos, más luminosos, menos estructurados o almidonados. Es la razón de la institución de prácticas como el *casual day* y la vestimenta más informal. Es lo que ha inspirado la inclusión de espacios lúdicos, de salas de recreación y/o de gimnasios en empresas y plantas. Es lo que impulsa la creación de grupos de interés y la organización de actividades deportivas con fines recreativos.

En esto se traduce entender al ser humano como una unidad, que lleva sus facetas de trabajador, padre, amigo, deportista, lector y demás a todas partes, aunque según dónde esté permita que unas se expresen más que otras. ¿Qué consecuencias estamos percibiendo de estos cambios? Que la productividad no solo no decae sino que, por el contrario, se incrementa.

Hace casi 20 años que somos asesores de Roche, una compañía farmacéutica de origen suizo y prestigio internacional. Cerca de la Ciudad Autónoma de Buenos Aires, en la localidad de General Pacheco, la empresa tiene sus oficinas, construidas con características muy especiales durante la década de 1990. Quien por entonces se desempeñaba como gerente general era Antoine de Mierry, un francés gran conocedor del *feng shui*, una disciplina milenaria nacida en Oriente que busca aprovechar para las personas los flujos de energía que circulan en los espacios físicos. Él buscó el predio personalmente y diseñó las instalaciones de Roche, respetando los preceptos del *feng shui* e incorporando los más modernos sistemas de comunicación y gestión conocidos hasta ese momento. Además de disponer de un gran estacionamiento, la planta exhibe hoy una arquitectura particularmente luminosa, con grandes superficies vidriadas y paredes pintadas de originales colores. Cuenta con un gimnasio y un comedor espacioso.

Un hábito llamativo, impulsado por aquel gerente general, "obliga" a los empleados a caminar después de tomar el almuerzo a fin de estimular la digestión y alejar el pensamiento del trabajo por un rato. Cuando sale del comedor de Roche, la persona se encuentra frente al comienzo de dos circuitos; dependiendo de cuál elija, puede caminar entre 500 metros y 8 kilómetros según el tiempo disponible y las ganas. Para que la gente se desconecte de la rutina del trabajo durante el recorrido, siguiendo la teoría del *feng shui*, el gerente hizo construir un lago artificial muy pequeño, adonde trajo a vivir patos y sembró peces.

Como especialistas en Recursos Humanos, todo esto siempre nos pareció admirable. Pero, ¿por qué no se le ocurrió a un colega sino a un gerente general? Los gerentes generales suelen concentrarse en los resultados y no en cómo obtenerlos, por eso, aunque consideren importante la calidad de vida, la supeditan a los resultados. En el caso de Roche, el planteo parecía el inverso. Antoine de Mierry estaba muy convencido de que la calidad de vida de las personas era el centro y que su atención potenciaría los resultados. Sin dudas, experiencias pioneras como la que acabamos de contar han inspirado la adopción de prácticas nuevas en otras empresas. Por eso, consideramos vital mantenernos atentos a esa clase de iniciativas.

A modo de síntesis

Las nuevas prácticas están asociadas a las facilidades que brindan los adelantos en las tecnologías de la información y la comunicación a la hora de reformular la manera de administrar el tiempo. Además de multiplicar las formas de atraer, retener y motivar al talento, prácticas como el horario flexible, el banco de horas y el teletrabajo logran por lo general un impacto positivo en la estructura de costos de la organización, en la calidad de vida y gastos del personal afectado, en el cuidado del medio ambiente y en la inclusión plena en el mundo del trabajo de poblaciones con capacidades especiales.

Si bien no contamos aún con una experiencia amplia y madura, las dificultades hasta ahora detectadas en torno a estas prácticas se relacionan principalmente con una imple-

mentación incorrecta. Por esta razón, si se piensa en adop-
tarlas, conviene hacerlo mediante un proceso en cinco etapas: investigación, concientización, diagnóstico, prueba
piloto y expansión.

REFLEXIÓN FINAL

La unidad del individuo, la negación de la dicotomía entre trabajo y vida personal, constituye una tendencia irreversible. No obstante, conviene mantenerse atento para no caer en los extremos. Si el teletrabajo quita estructuración al sujeto al punto de no poder cumplir con su compromiso laboral, no sirve, y si el empleado continúa atendiendo al trabajo en su tiempo de ocio como si estuviera en plena jornada laboral, tampoco. Ni el deterioro del compromiso ni la alienación constituyen formas de trabajo apropiadas y saludables.

Las nuevas prácticas abren un rico horizonte de oportunidades, y también de amenazas aún tan difíciles de identificar como de prevenir. Qué pasará con la socialización del teletrabajador, qué potencial para la colaboración en equipo encierran las nuevas tecnologías de la comunicación y la información, qué desafíos y ventajas plantearán las nuevas prácticas al Derecho laboral, qué nuevas estrategias de compensación deberemos desarrollar, etcétera. Estos interrogantes constituyen apenas una muestra de los temas que, como especialistas en Recursos Humanos, nos impone el siglo XXI y, como ocurre en otros aspectos de la vida, la novedad nos seduce y nos asusta, atrae nuestra curiosidad y despierta la prevención.

Sin embargo, hay algo sobre lo que ya no tenemos dudas: empresas y trabajadores están alcanzando su mayoría de edad, están asumiendo sus responsabilidades, encarando con madurez, realismo y espíritu de colaboración el diseño de nuevos modelos, nuevas herramientas y nuevas estrategias. La inteligencia comienza a imponerse en las negociaciones. El respeto entre las partes y la valoración de la vida se abren camino. Hay mucho por hacer, mucho por resolver, mucho por aprender. Ningún progreso importante, real, significativo, es lineal. Pero somos optimistas porque, por fin, estamos en el buen camino.

TERCERA PARTE

ANEXO

NOCIONES DE ESTADÍSTICA

Por AGUSTÍN HIDALGO

Antes de comenzar a construir, comprender e interpretar una escala de compensaciones, es necesario dominar algunos conceptos de matemática y estadística. Por lo general, la estadística ha estado ligada a otras áreas de las organizaciones tales como Marketing, Finanzas o Sistemas. Si bien los especialistas en Recursos Humanos suelen rehuir a esta disciplina, intentaremos acercarlos a sus ventajas brindando un abordaje sencillo.

¿Por qué recurrir a la estadística? Aunque no lo parezca, para simplificar la lectura de datos y facilitar la toma de decisiones. Hace unos meses, por ejemplo, fuimos convocados por una empresa de tecnología. Los accionistas querían instrumentar programas de beneficios que se ajustaran en su oferta a las diversas poblaciones que convivían en la compañía. El planteo era perfecto. ¿Por dónde comenzamos a trabajar el diseño? Por averiguar la edad promedio de la dotación. Después, por conocer los extremos (la edad de los más jóvenes y la de los mayores de todos). Estos datos los íbamos a cruzar más tarde con las calificaciones del personal. En suma, antes de siquiera pensar en un seguro de retiro, un abono para asistir a un gimnasio o cualquier otra cosa, relevamos y elaboramos datos significativos para tomar decisiones mediante herramientas estadísticas.

En nuestra práctica profesional, hemos debido abordar cientos de situaciones análogas y hemos comprobado, en todos los casos, que buena parte del éxito de nuestro trabajo se derivó de contar con un sustento estadístico riguroso como punto de partida. Por esta razón, invitamos al lector a que se aventure a la aproximación que le proponemos en las próximas páginas. Estamos seguros de que ese pequeño esfuerzo le resultará muy redituable.

Medidas de tendencia central

Media. Es el valor promedio de un conjunto de datos. Se calcula como la suma de todos los valores divida la cantidad de datos que tenemos. Su expresión viene dada por la siguiente ecuación:

$$\bar{X} = \frac{\Sigma\, x}{n}$$

"Σ" es el símbolo matemático que representa la sumatoria; "x", los valores de la muestra a sumar, y "n", la cantidad de valores que se suman.

Supongamos, por ejemplo, que tomamos los salarios básicos[1] de un conjunto de personas encuadradas en una categoría particular y los sumamos.

La suma de todos los valores da como resultado $ 75.200, cifra que, dividida por las 15 personas de la muestra, arroja un promedio de salario básico de $ 5.013.

---

[1] Hemos introducido el signo "$" al solo efecto de facilitar al lector distinguir las cifras que se refieren a dinero de las que expresan coeficientes, índices, porcentajes, etcétera.

Empleado	Salario básico	Empleado	Salario básico	Empleado	Salario básico
Juan Carlos	$ 5.500	Lucía	$ 6.000	Edgardo	$ 4.200
Cristian	$ 5.000	Eduardo	$ 5.200	Estela	$ 4.700
Guido	$ 4.200	Marcela	$ 4.800	Sebastián	$ 3.800
Martina	$ 4.800	Alejandra	$ 6.200	Analía	$ 6.500
Matías	$ 4.700	Juan Ignacio	$ 4.800	Manuel	$ 4.800

Existe una ecuación en Microsoft® Office Excel que facilita la operación, calculando de forma automática la media sobre un conjunto de valores. Se llama PROMEDIO. Para aplicarla, debe introducirse el signo "=" en la celda correspondiente y la fórmula denominada PROMEDIO. Luego, se selecciona el conjunto de valores sobre los que se desea calcular este parámetro.

	SUMA ▾ ✗ ✓ *fx* =promedio(B2:B16)

	A	B	C
1	Nombre	Edad	
2	Juan Carlos	42	
3	Carla	32	
4	Guido	26	
5	Martín	25	
6	Dolores	31	
7	Martina	24	
8	Eduardo	36	
9	Florencia	37	
10	Santiago	33	
11	Matías	24	
12	Laura	51	
13	Federico	24	
14	Verónica	30	
15	Esteban	41	
16	Patricia	24	
17			
18		=promedio(B2:B16)	

Mediana. La mediana es el valor que separa la muestra en dos partes iguales. Para encontrarlo debemos ordenar los valores de forma ascendente (de menor a mayor) y tomar el que se encuentre en la mitad. Si ordenamos 25 datos, tomamos el valor ubicado en el 13° lugar. Los valores situados entre las posiciones 1° y 12° serán menores que la mediana. Los situados entre el 14° y el 25° lugar serán mayores. Si la cantidad de datos de la muestra fuese par, no habría un valor puntual que separara la muestra en partes iguales, con lo cual se deberían tomar los dos valores del medio y promediarlos (es decir, sumarlos y dividirlos por dos). Ordenando los valores del ejemplo anterior, quedaría la siguiente tabla, con la mediana en el 8° lugar:

Empleado	Salario básico	Empleado	Salario básico	Empleado	Salario básico
1° Sebastián	$ 3.800	6° Martina	$ 4.800	11° Eduardo	$ 5.200
2° Guido	$ 4.200	7° Marcela	$ 4.800	12° Juan C.	$ 5.500
3° Edgardo	$ 4.200	8° Manuel	$ 4.800	13° Lucía	$ 6.000
4° Estela	$ 4.700	9° Juan I.	$ 4.800	14° Alejandra	$ 6.200
5° Matías	$ 4.700	10° Cristian	$ 5.000	15° Analía	$ 6.500

La mediana nos permite saber que, en este caso, la mitad de la muestra gana igual o menos de $ 4.800, y la otra mitad, igual o más. La fórmula para calcular esto en Excel automáticamente se llama MEDIANA y se aplica de manera similar a la de PROMEDIO.

Moda. Es el valor que se repite con mayor frecuencia en la muestra. En nuestro ejemplo, la moda sería $ 4.800. La fórmula en Excel se denomina MODA.

Medidas de localización

Cuartil. Comparte el mismo principio de la mediana pero, en lugar de separar la muestra en dos partes, lo hace en cuatro. Para calcularlo deben ordenarse primero los datos en forma ascendente y luego, se efectúa el mismo análisis que con la mediana, pero a diferentes intervalos.

Supongamos que tenemos una muestra de personas y deseamos estudiar estadísticamente su composición etárea, sus edades.

Empleado	Edad	Empleado	Edad	Empleado	Edad
1° Sebastián	24	6° Martina	26	11° Eduardo	36
2° Guido	24	7° Marcela	30	12° Juan C.	37
3° Edgardo	24	8° Manuel	31	13° Lucía	41
4° Estela	24	9° Juan I.	32	14° Alejandra	42
5° Matías	25	10° Cristian	33	15° Analía	51

A fin de facilitar la explicación, sugerimos observar el siguiente gráfico.

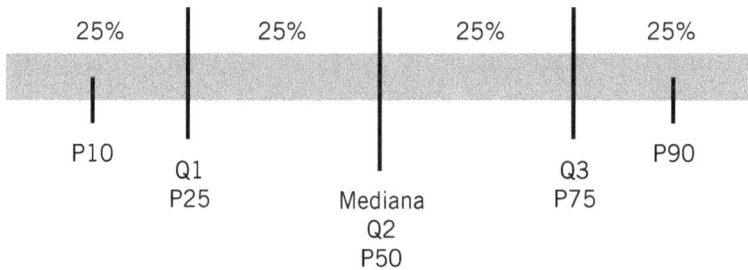

A la izquierda del primer cuartil, obtenemos el 25% del total de valores de la muestra, quedando a la derecha el 75% (3/4 partes). El segundo cuartil coincide con la mediana, separando la muestra en dos partes iguales. A la izquierda del tercer cuartil, obtenemos el 75% de los datos, quedando a la derecha tan solo el 25%.

En el ejemplo de las edades, por tratarse de una muestra de 15 datos, el primer cuartil es 24,5 (el promedio entre el 4° y 5° valor); el segundo cuartil (la mediana) es 31; y el tercer cuartil es 36,5 (el promedio entre el 11° y 12°).

Percentil. El percentil, así como el cuartil y la mediana, divide la muestra en partes, en este caso, 100.

Ordenando primero los datos de la muestra en forma ascendente, el P10 separa a su izquierda el 10% de los valores, dejando el 90% a su derecha. Esto significa que el 10% de los valores son menores al P10 y el 90%, mayores.

El P25 separa la muestra en 25% menores (equivalentes al primer cuartil) y 75% mayores. De manera análoga, el P50 equivale al segundo cuartil y a la mediana, mientras que el P75 corresponde al tercer cuartil.

Medidas de variabilidad

Rango. Es el intervalo entre dos datos. En escalas salariales, se utiliza para marcar la diferencia entre el mínimo y el máximo de cada categoría, es decir, la dispersión. Para calcularlo simplemente se resta el valor máximo al mínimo.

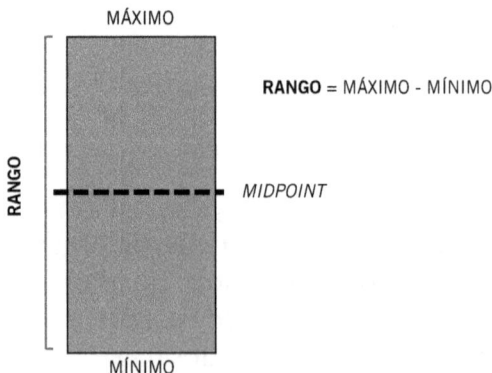

MÁXIMO

RANGO = MÁXIMO - MÍNIMO

RANGO

MIDPOINT

MÍNIMO

Rango intercuartil. Como el rango, es también una medida que marca el intervalo entre dos puntos, salvo que no se mide entre el valor máximo y el mínimo sino desde el primer y tercer cuartil, marcando el 50% central de los valores. Así el rango intercuartil viene dado por la diferencia entre Q3 y Q1, o, lo que es lo mismo, entre P75 y P25. Este dato sirve como medida de variabilidad cuando la medida de posición central utilizada es la mediana.

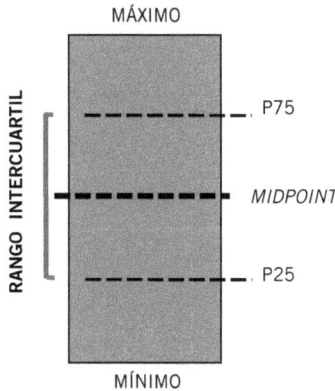

Desvío estándar. Es un indicador de la dispersión de la muestra de valores. Indica la distancia (en promedio) que tienen todos los valores de la muestra respecto de su media. Da una idea de qué tan distribuidos o concentrados alrededor de la media están los datos. Se calcula de la siguiente forma:

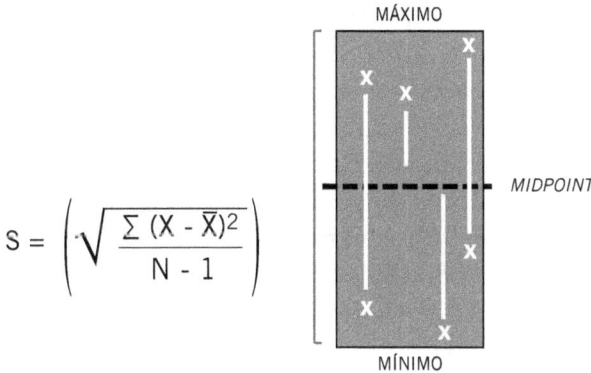

$$S = \left(\sqrt{\frac{\sum (X - \bar{X})^2}{N - 1}} \right)$$

En el gráfico, se observa la distancia entre los datos y su media (o *midpoint*), que se obtiene como la diferencia entre el punto de la muestra y la media. El desvío estándar ayuda a entender cuán dispersos están los datos. La siguiente tabla ofrece un ejemplo:

Nombre	Salario básico = X	X-X̄	X-X̄	(X-X̄)²
Juan Carlos	4.200	4.200 - 5.013	-813	661.511
Carla	4.700	4.700 - 5.013	-313	98.178
Guido	3.800	3.800 - 5.013	-1.213	1.472.178
Martín	6.500	6.500 - 5013	1.487	2.210.178
Dolores	4.800	4.800 - 5.013	-213	45.511
Martina	5.500	5.500 - 5.013	487	236.844
Eduardo	5.000	5.000 - 5.013	-13	178
Florencia	4.200	4.200 - 5.013	-813	661.511
Santiago	4.800	4.800 - 5.013	-213	45.511
Matías	4.700	4.700 - 5.013	-313	98.178
Laura	6.000	6.000 - 5.013	987	973.511
Federico	5.200	5.200 - 5.013	187	34.844
Verónica	4.800	4.800 - 5.013	-213	45.511
Esteban	6.200	6.200 - 5.013	1.187	1.408.178
Patricia	4.800	4.800 - 5.013	-213	45.511
Media = X̄	5.013			

Sumando todos los valores de la última columna obtenemos el número 8.037.333. Si se divide por 14 (número de casos de la muestra menos uno), el resultado es 574.095. Finalmente, la raíz cuadrada de este último valor nos informa un desvío estándar de 757,7. Para una serie de datos de distribución normal (campana de Gauss), los valores obtenidos entre la media y los valores de su desvío estándar comprenden el 68,2% del total. ¿Qué significa? Que en la muestra usada como ejemplo el 68,2% de las personas se encuentran en un rango de valores que va desde la media menos el desvío hasta la media más el desvío, es decir, cobran salarios de entre $ 4.256 y $ 5.771. El Excel también permite calcular el desvío estándar de forma automática con la función DESV.EST.

Progresión. La progresión de una escala refleja el crecimiento porcentual entre una categoría y su consecutiva entre los valores medios (*midpoints*) de cada categoría.

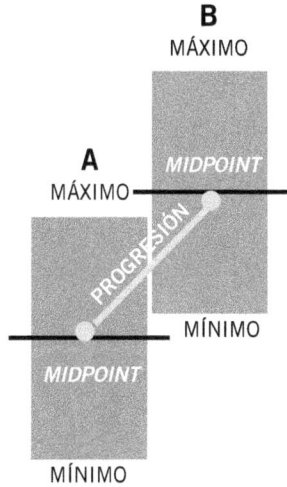

Primero, se divide el valor del *midpoint* para la categoría superior por el *midpoint* de la categoría inferior. Así se obtiene un valor mayor a 1, ya que se está dividiendo un número por otro menor. Este valor indica cuánto mayor es el *midpoint* entre ambas categorías. Si a este valor le restamos 1, obtenemos el valor neto de incremento entre *midpoints* y, multiplicando por 100, el porcentaje de crecimiento entre ambos o progresión.

$$\text{PROGRESIÓN} = \left[\frac{\text{PUNTO MEDIO B}}{\text{PUNTO MEDIO A}} - 1 \right] \times 100$$

Solapamiento. Se presenta cuando el punto máximo de una categoría es mayor al punto mínimo de su consecutiva, formando así un área compartida por ambas llamada solapamiento.

Su valor se expresa como el porcentaje de categoría solapada con respecto a la amplitud de la mayor ("B", en el gráfico). El valor que comparten ambas categorías viene dado por la diferencia entre el máximo de A y el mínimo de B, mientras que la amplitud de B se calcula como el máximo de B menos su mínimo.

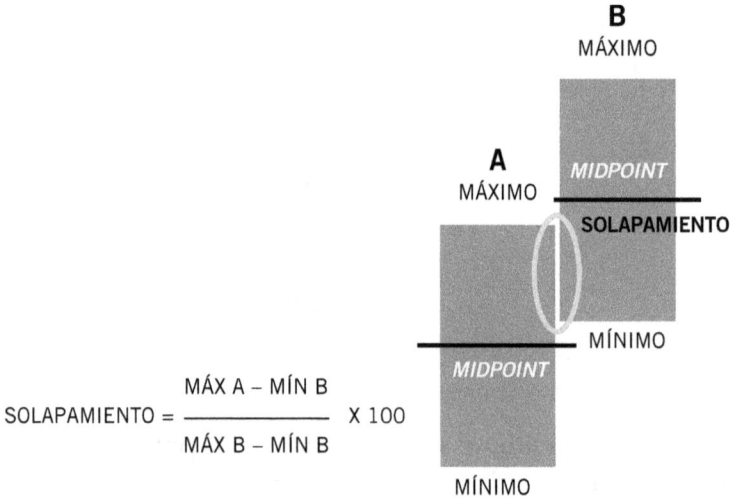

$$SOLAPAMIENTO = \frac{MÁX\ A - MÍN\ B}{MÁX\ B - MÍN\ B} \times 100$$

Posibles mediciones / comparaciones de escala. Una vez construida la escala salarial del mercado, se la puede comparar con la escala interna de la empresa para saber si se está pagando por sobre la media del mercado o por debajo.

Una forma básica de compararlas numéricamente es ubicando el *midpoint* de una categoría de la empresa en el gráfico del mercado. Para ello se toma el salario base (*midpoint* interno de la empresa en la categoría que estamos comparando) al cual se le resta el mínimo del mercado. Luego, se divide ese valor por el rango.

$$\frac{SALARIO\ BASE - MÍNIMO}{MÁXIMO - MÍNIMO}$$

A este valor se lo suele multiplicar por 100 para obtener un porcentaje. Si este valor es cercano al 0%, indica que el salario base de la compañía para esa categoría se encuentra cercano al mínimo del mercado. Si está cerca del 50%, ronda la media (*midpoint*) del mercado. Si el valor es cercano al 100%, indica que el salario base pagado por la empresa es cercano al valor máximo del mercado.

Con este dato podrían compararse todas las categorías y promediar sus valores para obtener así un valor estimado de comparación de ambas escalas en su totalidad. El procedimiento permite establecer, a grandes rasgos, si la empresa está pagando salarios bajos, altos o se encuentra dentro de la media del mercado.

Aplicación de los conceptos

Una empresa quiere averiguar si está pagando salarios por encima del mercado en una categoría puntual. El tema es central porque la categoría comprende a una gran masa de empleados y, por lo tanto, pagar por sobre la media del mercado representa un elevado costo para la compañía, quitándole competitividad.

El primer paso consiste en interiorizarse sobre los puestos que pertenecen a la categoría. El segundo, en recolectar datos del mercado buscando construir la misma categoría calculando sus parámetros. Los datos obtenidos de la muestra pueden volcarse en una tabla como la siguiente.

Personal (individuos)	Salario	Personal (individuos)	Salario	Personal (individuos)	Salario
Juan Martín	$ 6.500	Esteban	$ 6.000	Romina	$ 3.900
Ignacio	$ 4.200	María Laura	$ 6.200	Verónica	$ 4.000
Florencia	$ 3.900	Juan Ignacio	$ 6.000	Mayra	$ 6.500
Martín	$ 3.800	Federico	$ 4.000	Pablo	$ 3.800
Patricia	$ 5.500	Soledad	$ 3.900	Juan Cruz	$ 6.200
Guido	$ 3.900	Santiago	$ 6.500	Matías	$ 4.200
Mercedes	$ 6.500	Alejandro	$ 4.200	Claudia	$ 6.500
Ezequiel	$ 3.800	Lucía	$ 5.500	Mariana	$ 6.000
Silvina	$ 4.000	Diego	$ 6.000	Pamela	$ 6.000
Adriana	$ 3.900	Rocío	$ 4.000	Cristian	$ 4.200

¿Qué variable utilizar para calcular el *midpoint*? ¿La media, la moda o la mediana? Si bien las tres son válidas, no todas resultan igual de útiles. Calculando las tres con los datos de la tabla se obtiene una media de $ 4.987, una mediana de $ 4.200 y una moda de $ 6.500: como vemos, son valores marcadamente diferentes.

El problema está en que estos datos no son "el mercado" sino una muestra que trata de representarlo y que puede estar "contaminada" por errores, prejuicios, limitaciones, etcétera, de quien la construye. Por ejemplo, si para construir esta muestra se tomaron los valores de 10 empresas, de las cuales 6 son del sector automotriz, estará condicionada por los salarios específicos de esa industria en vez de ser una encuesta homogénea de mercado. Así, los valores de las empresas e industrias que se tomen pueden desequilibrar el resultado. Además, la cantidad de datos que contiene la muestra afecta también la decisión del uso de la mediana o media como medida de tendencia central (*midpoint*).

La media intenta homogeneizar esas imperfecciones de la muestra. Por otro lado, los valores aislados (tanto máximos como mínimos) tienen un gran impacto a la hora de calcularla, afectando su valor final. Por eso, en muchos casos, si se observan valores muy por encima o muy por debajo de la muestra en general, suelen estudiarse por separado para entenderlos y, por lo general, extraerse de la muestra para que sus anomalías no afecten el valor de la métrica. Si estamos seguros de que la muestra es representación fiel del mercado, los valores de media y mediana serán próximos entre sí. En cambio, si no estamos seguros de la muestra, la media aritmética puede considerarse como una métrica para el cálculo del *midpoint*, utilizando el desvío estándar como medida de variabilidad.

Por otro lado, debemos calcular la medida de la dispersión de los datos de la muestra de forma que podamos obtener un valor que represente correctamente la amplitud de la categoría. Así, utilizando la media como medida de tendencia central (*midpoint*), podremos hallar la amplitud de la categoría a través del desvío estándar. En el ejemplo citado, el desvío estándar resulta ser $ 1.123. Por lo tanto, el valor máximo podríamos obtenerlo como la suma de la media y el desvío estándar ($ 6.109), y el valor mínimo, como la resta entre estos mismos valores ($ 3.864), de lo que resulta una amplitud o rango de $ 2.245.

Por otro lado, la empresa calcula estos mismos parámetros para la categoría interna (con los valores de los sueldos de su personal) obteniendo una media de $ 4.463 y un desvío estándar de $ 976.

El dato de comparación entre escalas (explicado anteriormente) nos da un 27%. Al ser menor de 50%, significa que la empresa está pagando salarios, para esa categoría, por debajo del promedio del mercado pero por encima de la remuneración mínima.

ACERCA DEL AUTOR

Bernardo Hidalgo es titular de Grupo Hidalgo, consultora especializada en Recursos Humanos fundada en 1987 (www.hidalgoyasociados.com.ar).

Licenciado en Relaciones Industriales por la Universidad Argentina de la Empresa (UADE), realizó estudios de posgrado en Sociología del Trabajo (UADE) y cursó la maestría en Administración de Negocios dictada por IDEA.

Como especialista en gestión del talento, Bernardo Hidalgo ha sido convocado por algunas de las compañías más importantes de América Latina, entre las que se cuentan Philip Morris International, Movistar, Procter & Gamble, Productos Roche, Toyota Argentina entre otras.

En su área de especialidad, Bernardo Hidalgo desarrolla también una intensa labor académica. Desde hace más de quince años, se desempeña como profesor de los posgrados y las maestrías de la UADE Business School, y como docente de las Cátedras de Comportamiento Organizacional, Gestión del Desempeño y de Compensaciones en la Universidad de San Andrés. Además de conferencista en la Universidad del CEMA y la Universidad Empresarial Siglo XXI, es profesor titular de la cátedra de Compensaciones de la UADE Executive Education.

www.ingramcontent.com/pod-product-compliance
Lightning Source LLC
Chambersburg PA
CBHW071630200326
41519CB00012BA/2236